MARCAS DE UN MOVIMIENTO

MARCAS DE UN MOVIMIENTO

Lo que la iglesia de hoy puede aprender del avivamiento wesleyano

WINFIELD BEVINS

Traducción: Oscar Aguilar M.

Marcas de un movimiento

Instituto de Estudios Wesleyanos
www.estudioswesleyanos.org
Contacto: instituto@estudioswesleyanos.org

ISBN: 978-1-955761-43-7

Para información escribir a:
Wesley Heritage Foundation
PO Box 311
Midland, GA 31820 USA
hello@wesleyheritage.com

Título original del libro:
Marks of a Movement, © Copyright 2019, Zondervan Reflective
Used by permission

Diagramación en español: Mario Carrasco Teja

A Timothy Tennent,
Tom Tumlin y Howard Snyder
Académicos, mentores y amigos

CONTENIDO

PRÓLOGO

Muchos lectores encontrarán que el nuevo libro de Winfield Bevins es una lectura atractiva, instructiva e inspiradora y uno de los libros más notables sobre la multiplicación de iglesias escritos en este siglo. El libro se basa en gran medida en la sabiduría estratégica de Juan Wesley. Bevins no es metodista, pero es otro pensador no metodista que percibe los tesoros de la tradición metodista que la mayoría de los metodistas ignoran.

No es que sea un libro sólo, ni siquiera principalmente, para metodistas. Se nutre de importantes ideas de otras tradiciones, como los moravos, los bautistas, los pentecostales y los anglicanos, y de estudios de casos históricos, actuales y globales.

Donald McGavran solía hablar de la importancia estratégica de "la multiplicación de unidades" para los movimientos cristianos. Bevins lo entiende. En su paradigma, la multiplicación de la iglesia tiene que ver intrínsecamente con la multiplicación de los grupos pequeños, los grupos grandes, las congregaciones, las instalaciones, los ministerios y, especialmente, los líderes ... y, sobre todo , los discípulos cristianos.

Soy consciente de que la mayoría de los líderes de la iglesia tienen un presupuesto limitado para libros y que demasiados libros sobre la multiplicación de la iglesia son asombrosamente poco originales, repitiendo o reformulando lo que se ha escrito antes, casi hasta el punto de plagio en serie. Si bien *Marcas de un movimiento* se basa en muchas fuentes (remite al lector a una variedad de buenas fuentes), el lector encontrará una serie de nuevas e importantes ideas. Por ejemplo, las exposiciones de Bevins sobre los "sistemas de discipulado", "el factor de adherencia" y "la tubería de liderazgo" ayudarán a los líderes emprendedores de la iglesia por muchos años.

Bevins también revisa y reformula algunos temas clásicos de manera que ayuden al lector a redescubrir su relevancia indispensable. Pienso especialmente en sus reflexiones sobre el papel del Espíritu Santo en la multiplicación de iglesias.

¿Se nota que me gusta este libro? Y lo que es más importante, recomiendo *Marcas de un movimiento* a todos los líderes de la iglesia que quieran que sus iglesias se parezcan menos a instituciones estancadas y más a movimientos contagiosos.

George G. Hunter III
Profesor emérito distinguido
Seminario Teológico Asbury

INTRODUCCIÓN

Érase una vez, durante la vida de Juan Wesley y por otro siglo o más, el metodismo en Gran Bretaña y en Norteamérica era un movimiento cristiano contagioso.

George Hunter III

He viajado por todo el mundo, pero Inglaterra es, por mucho, uno de mis países favoritos para visitar. Donde quiera que usted vaya, se descubren recuerdos vivos de nuestra continua conexión con el pasado. Desde las calzadas romanas del siglo I hasta las antiguas catedrales, Inglaterra es una impresionante convergencia de lo antiguo y lo nuevo. A lo largo de los siglos, le ha dado al mundo muchas cosas maravillosas, como las obras de Shakespeare y Dickens. Y aunque es poco conocido por muchos cristianos contemporáneos, Inglaterra también nos dio uno de los grandes movimientos cristianos del mundo: el avivamiento wesleyano.

En un viaje reciente a Inglaterra, visité varios de los lugares históricos de este avivamiento con un amigo. Uno de los lugares que visitamos fue City Road Chapel en Londres, fundada en 1778 por Juan Wesley. Recorrimos la capilla y caminamos alrededor de la casa de Wesley. Más tarde, hicimos una pausa y oramos ante la tumba de Wesley. De pie allí, me sentí inspirado al leer estas palabras en su lápida, una descripción adecuada de su legado perdurable:

> A la memoria del venerable Juan Wesley, A.M., miembro fallecido del Lincoln College, Oxford. Esta gran luz surgió (por la singular providencia de Dios) para iluminar a estas naciones y para revivir, hacer cumplir y defender las doctrinas y prácticas apostólicas de la iglesia primitiva: lo cual sigue haciendo, tanto por sus escritos como por sus trabajos durante más de medio siglo: Y para su gozo inexpresable, no sólo vio cómo se extendía su influencia y su eficacia en los corazones y las vidas de muchos miles, tanto en el mundo occidental como en estos reinos: Sino que, además, por encima de toda expectativa humana, vivió para ver que la gracia singular de Dios había dispuesto que continuaran y se establecieran para gozo de las generaciones futuras. Lector, si te ves obligado a bendecir al instrumento, dale la gloria a Dios.

Estas palabras nos recuerdan que hubo una vez, un hombre llamado Juan Wesley ayudó a comenzar un movimiento que condujo a la transformación cultural de la nación inglesa, un movimiento que, eventualmente, se extendió por todo el mundo. Pero, ¿cómo? Y, ¿por qué? ¿Qué hizo que este hombre y este movimiento fueran únicos? ¿Por qué las enseñanzas de Wesley y sus prácticas se propagaron como el fuego, mientras que otros movimientos comenzaron y se desvanecieron?

Quizá haya algo en lo que Wesley aprendió y en lo que hizo que podamos aprender hoy. De hecho, permítanme ir un paso más allá. Los eruditos e historiadores de la iglesia conocen la importancia de la historia del avivamiento wesleyano; sin embargo, he descubierto que muy pocas personas fuera del metodismo saben algo sobre este movimiento y su impacto potencial para la iglesia de hoy. Creo que la vida y el ministerio de Juan Wesley tienen algo que necesitamos desesperadamente. Y por eso he escrito este libro.

Juan Wesley y la Inglaterra del siglo XVIII

Wesley nació en 1703 y vivió por casi 90 años durante uno de los grandes períodos de cambio de paradigma de la historia, lo que los historiadores denominan la Edad de la Razón y el auge de la revolución industrial. El siglo XVIII marcó el comienzo de una era de grandes cambios y agitaciones culturales. Como resultado, Inglaterra se tambaleaba al borde de la anarquía y el caos. Esto contribuyó al aumento de la pobreza, la contaminación y el trabajo infantil en las fábricas, donde niños de tan sólo seis años trabajaban largas horas por poco o ningún salario. A medida que los pueblos y ciudades crecían rápidamente alrededor de las fábricas, aumentaban problemas como la delincuencia urbana, el abuso del alcohol, los juegos de azar, la prostitución y la alta mortalidad infantil. Eran tiempos oscuros para el país y el futuro no era del todo alentador. Todo esto llevó a una preocupación nacional por el bienestar espiritual y moral de Inglaterra y su futuro.

En 1738, el Obispo Berkeley declaró que la religión y la moralidad en Gran Bretaña se habían derrumbado "hasta un grado nunca conocido en ningún país cristiano".[1] La Iglesia de Inglaterra del siglo XVIII no estaba preparada para enfrentar la crisis nacional y, de hecho, puede haber contribuido a la decadencia moral general. Hubo una epidemia de laxitud espiritual e incluso de inmoralidad generalizada entre algunos miembros del clero. Muchos ministros ordenados no tenían una fe viva y a veces causaban más daño que bien. Esto resultó en que la Iglesia de Inglaterra experimentara una rápida disminución en la asistencia a la iglesia.

En medio de todo esto, Dios condujo a un hombre llamado Juan Wesley a redescubrir algo perdido, reavivando una dinámica de movimiento hacia la fe cristiana que se haría sentir en todo el mundo. Algunos historiadores han sugerido que el avivamiento wesleyano salvó a Inglaterra de una revolución sangrienta como la que experimentaría Francia en breve.[2] Juan Wesley trató de recuperar una comprensión básica de lo que significa ser un verdadero cristiano. Su visión original era traer renovación espiritual a la Iglesia de Inglaterra, lo cual no fue bien recibido. Sin embargo, a pesar de la creciente tensión entre Wesley y la iglesia institucional, no debemos olvidar que tanto él como su hermano Carlos fueron ordenados en la Iglesia de Inglaterra.

Es fácil pensar que Wesley se oponía por completo a la tradición de la iglesia. Nada podría estar más lejos de la verdad. De hecho, era un clérigo de la Alta Iglesia que amaba la liturgia anglicana. Usó el *Libro de Oración Común* de la Iglesia de Inglaterra, que contiene órdenes de servicios, credos antiguos, oraciones comunitarias y un leccionario, que es un plan de lectura sugerido para usar durante todo el año litúrgico. Wesley dijo: "Creo que no hay liturgia en el mundo, ya sea en lenguaje antiguo o moderno, que infunda una piedad más sólida, bíblica y racional que la Oración Común de la Iglesia de Inglaterra".[3] Mientras estaba en Oxford, Wesley y Carlos fueron acusados de ser "sacramentales" por su insistencia en participar de la comunión regularmente. Se dice que Wesley tomaba la Cena del Señor al menos una vez cada cuatro o cinco días, y animaba a los metodistas a celebrar la Cena del Señor semanalmente. Wesley dijo: "Es deber de todo cristiano recibir la Cena del Señor tan a menudo como pueda".[4] Estas difícilmente son las palabras de un no tradicionalista.

Si bien no estaba en contra de la tradición, Wesley se oponía a la religión muerta y seca, al ritualismo frío y al clericalismo que desalentaba a las personas no ordenadas a participar en la vida del ministerio, todo lo cual se había generalizado en la Iglesia de Inglaterra en el siglo XVIII.

Nunca fue la intención de los hermanos Wesley separarse de la Iglesia de Inglaterra. Consideraron el metodismo como un movimiento de renovación dentro de la iglesia. Cuando se le preguntó directamente si quería separarse de la Iglesia de Inglaterra, Wesley afirmó su lealtad: "Estoy completamente convencido de que nuestra Iglesia (de Inglaterra), con todos sus defectos, está más cerca del plan bíblico que cualquier otra en Europa".[5] Más adelante en su vida, Wesley afirmó esto una vez más, diciendo: "No me separaré de la Iglesia; sin embargo, en segundo lugar, en caso de necesidad me apartaré de ella (cosas que he declarado constante y abiertamente durante más de cincuenta años) y la incoherencia se desvanecerá. He sido fiel a mi profesión desde 1730 hasta el día de hoy".[6]

Si bien la intención de Wesley era seguir formando parte de la iglesia institucional, los odres viejos de la Iglesia de Inglaterra no pudieron contener el vino nuevo del avivamiento wesleyano. Lo que comenzó como una renovación espiritual dentro de la Iglesia de Inglaterra eventualmente acabó convirtiéndose en un movimiento propio y distintivo, que analizaremos en capítulos posteriores. Al momento de la muerte de Juan Wesley en 1791, el metodismo era un movimiento eclesiástico internacional con más de setenta mil miembros en Inglaterra y más de cuarenta mil en el nuevo país de Estados Unidos, y aún más entre las estaciones misioneras esparcidas por todo el mundo. Las semillas del movimiento metodista continuarían creciendo y extendiéndose mucho más allá de la vida de Wesley. Apenas unos años después de su muerte, el metodismo en América del Norte había crecido a doscientos mil, con más de cuatro mil predicadores metodistas. Para 1830, la membresía oficial en la Iglesia Metodista había llegado a casi medio millón de personas y los asistentes sumaban seis millones.[7] Desde 1880 hasta 1905, el metodismo estadounidense fundó más de setecientas iglesias por año en promedio.[8]

Uno de los secretos del éxito del movimiento de Wesley fue su disposición de acoger el cambio, su capacidad para mantener una síntesis dinámica de lo antiguo y lo nuevo, la tradición y la innovación.[9] En lugar de resistir los cambios que se avecinaban en el horizonte, el liderazgo de Wesley creó un movimiento contagioso que abordaba proactivamente la cultura, preparando a la iglesia para ser una fuerza de cambio en la sociedad en lugar de simplemente reaccionar al cambio cultural. Wesley devolvió la fe y la práctica cristianas a sus raíces haciendo hincapié en el discipulado radical y las relaciones vitales, y este énfasis renovado transformó el panorama religioso de gran parte del mundo occidental durante los siguientes dos siglos.

En el centro del avivamiento wesleyano estaba el redescubrimiento de "las doctrinas y prácticas apostólicas puras de la iglesia primitiva". Pero Wesley hizo más que leer y estudiar el pasado. Tomó lo que aprendió y lo volvió a aplicar, contextualizándolo a su propio tiempo y lugar. Más que eso, usó lo que aprendió para crear un movimiento de formación discípulos que equipó y capacitó a miles de personas para unirse a la misión de Dios.

Durante su vida, Wesley viajó más de 250,000 millas, predicó más de 40,560 sermones y llevó a miles de personas a Cristo. Con habilidad y disciplina, rápidamente se convirtió en uno de los líderes más influyentes del despertar evangélico del siglo XVIII, un movimiento que alcanzó a miles de personas solo durante su vida. El avivamiento wesleyano comenzó con solo un puñado de personas a principios de los 1700, convirtiéndose rápidamente en un movimiento de resurgimiento que condujo al establecimiento de miles de sociedades en Inglaterra y en los Estados Unidos.

Sobre este libro

Durante la última década, he estudiado los movimientos eclesiásticos históricos: la manera en que han tenido éxito y la razón por la que a veces han fracasado. He pasado tiempo con pensadores de movimientos eclesiásticos como Steve Addison, Alan Hirsch, Howard Snyder y George Hunter III, entre otros. Una de las razones por las que he llegado a creer que necesitamos estudiar los movimientos es el hecho de que tantas iglesias y denominaciones en Europa y América del Norte están disminuyendo en lugar de crecer, incluso cuando la población a su alrededor ha cuadruplicado su tamaño. Entre el ochenta y el ochenta y cinco por ciento de todas las iglesias en los Estados Unidos han dejado de crecer o están ahora en declive, y se estima que entre tres y cuatro mil iglesias cierran sus puertas cada año.[10] Se calcula que entre 660 y 700 mil personas abandonan la iglesia tradicional cada año.[11] El *Pew Research Center* ha descubierto que casi un tercio de los adultos jóvenes dicen ahora que no tienen ninguna afiliación religiosa. Este grupo de jóvenes adultos ha sido apodado los "nones" ("ningunos") porque niegan la asociación con cualquier forma organizada de religión. Si los tratáramos como un grupo, serían el segundo grupo religioso más grande de América del Norte.[12] Y esto no es solo un problema de la iglesia estadounidense. En

Inglaterra, la membresía de la iglesia ha disminuido de 10,6 millones en 1930 a 5,5 millones en 2010; de alrededor del 30 por ciento al 11,2 por ciento. Si las tendencias actuales continúan, se pronostica que la membresía disminuirá a 2,53 millones (4,3 por ciento de la población) para 2025. Las personas que se declaran no religiosas, similares a los "nones" de América del Norte, ahora representan el 48,6 por ciento de la población británica.[13]

Creo que la solución a estos problemas requiere más que la investigación del comportamiento y el último giro en la teoría del crecimiento de la iglesia. Yo diría que gran parte de la teoría contemporánea del crecimiento de la iglesia no ha funcionado del todo bien para la iglesia occidental e incluso puede estar conduciendo a su declive. Creo que el camino a seguir se encuentra, quizás sorprendentemente, en el pasado. ¿Cómo ha traído Dios históricamente avivamiento y transformación cultural a su iglesia y a la sociedad? Debemos estudiar estos movimientos para aprender cómo funcionan y luego preguntarnos, *¿qué podemos aprender de los movimientos para hoy?*

Me quedo con la profunda convicción de que, en nuestra época actual, si queremos volver a alcanzar a Occidente nuevamente con el evangelio de Cristo, necesitamos *otro* movimiento de las mismas proporciones que el avivamiento wesleyano del siglo XVIII. El ejemplo del avivamiento wesleyano nos ofrece lecciones vitales y atemporales para la renovación de la iglesia y nuevas expresiones de misión en el siglo XXI.

Confío en que las respuestas que necesitamos para el futuro de la iglesia de Dios se encontrarán en la intersección entre el pasado y el presente. Como nos recuerda Leonard Sweet:

> "Los peregrinos posmodernos deben esforzarse por mantener el pasado y el presente en una conversación perpetua para que cada generación encuentre una expresión fresca del Evangelio

que esté anclada sólidamente en la fe que ha sido una vez dada".[14]

En mi experiencia, muchos cristianos contemporáneos tienen amnesia histórica y existen brechas significativas en nuestra comprensión del pasado, especialmente de la historia pasada de la iglesia cristiana. Debido a esto, nos están haciendo falta aspectos vitales de nuestra fe que son necesarios para el crecimiento y la madurez espiritual. Creo que esta falta de conciencia histórica puede remediarse estudiando movimientos como el avivamiento wesleyano y preguntándonos qué pueden enseñarnos estos movimientos sobre el discipulado y la multiplicación.

Si usted es un seguidor de Cristo que está cansado de escuchar acerca del declive de la iglesia, y si tiene hambre de ver nuevamente un movimiento fresco de Dios en Occidente, este libro está escrito para usted. No es una biografía, ni es una historia académica. Más bien, mi intención es ofrecer una introducción a la vida, el ministerio y el movimiento de Juan Wesley que sea comprensible, legible y aplicable a nuestras propias preguntas sobre el proceso de hacer discípulos y la multiplicación de iglesias en el siglo XXI. Seré el primero en admitir que hay muchos libros y artículos excelentes sobre Juan Wesley, muchos de ellos escritos por metodistas que han pasado toda su vida estudiando a Wesley y sus métodos. He escrito este libro con la esperanza de compartir algunas semillas de sabiduría de esta rica tradición con quienes están fuera del "círculo interno" metodista. Mientras viajo y hablo, encuentro pocas personas fuera del metodismo que realmente conozcan a este hombre o comprendan su impacto en la iglesia cristiana mundial.

Dicho esto, también debo dejar en claro que *no* soy metodista. Mi propia tradición es anglicana, por lo que, aunque comparto raíces históricas con Juan Wesley (que a su vez era un sacerdote anglicano), yo mismo no pertenezco a la tradición religiosa metodista. No importa si usted es un bautista, anglicano, pentecostal o presbiteriano leyendo este libro, porque hay lecciones vitales para *todos* los creyentes cristianos en la vida y el ministerio de Juan Wesley.

Y si su propio trasfondo es wesleyano o metodista y no está familiarizado con su propia tradición, espero que este libro lo ayude a redescubrir el impulso apostólico de su propia herencia.[15] Se le presentarán a algunos de los otros líderes del movimiento wesleyano, así como varios ejemplos modernos de iglesias y creyentes que han sido influenciados directamente por Wesley y sus métodos.

Una de las características principales de nuestro estudio es la identificación de las marcas clave que caracterizaron al movimiento metodista, pero quiero enfatizar que esta lista no es exhaustiva ni autoritativa. Al identificar estas marcas, mi esperanza es brindarles a los lectores un resumen de los factores interrelacionados que se refuerzan entre sí y conducen a la multiplicación y el crecimiento del movimiento. Algunos de estos factores están correlacionados con otros movimientos además del avivamiento wesleyano, por lo que ocasionalmente he complementado lo que he escrito con las ideas de otros estudios sobre movimientos. También he incluido algunas imágenes de estos otros movimientos y algunos de sus líderes clave para ayudarle a usted a obtener una comprensión más amplia de cómo Dios obra a través de los movimientos. Varias de estas listas de marcas clave están disponibles en el apéndice para ampliar su propio estudio e investigación. Tal vez encuentre algunas coincidencias adicionales o note aspectos de similitud con otros movimientos que no se enfatizaron ni abordaron en este libro.

Antes de comenzar, también quiero ofrecer una palabra de advertencia. No caiga en la tentación de pensar en este o cualquier otro movimiento como una panacea para los problemas y desafíos de la iglesia de hoy, o que, si la iglesia puede volver a la edad de oro, todos sus problemas se resolverán. Puede ser tentador rendir culto a los héroes cuando buscamos lecciones positivas en la historia, pero nunca debemos olvidar que los movimientos son desordenados. Involucran a personas y relaciones humanas quebrantadas, y siempre existe la realidad del pecado humano. Esto solo se multiplica cuando los movimientos crecen y se multiplican. El mismo dinamismo del metodismo primitivo produjo todo tipo de escisiones y divisiones dentro del movimiento, algunas de las cuales surgieron desde adentro. Compartiré algunas de las debilidades del movimiento en el capítulo final. La historia del metodismo nos recuerda que un Dios perfecto usa personas imperfectas para llevar a cabo sus planes en la tierra.

Finalmente, mi esperanza es que la lectura de este libro provoque alguna reflexión sobre los movimientos en su propio contexto. Con ese fin, oro para que, al leer *Marcas de un movimiento*, le lleve a un movimiento de hacer discípulos en su vida, su iglesia, su comunidad y en nuestro mundo. Sucedió entonces y puede suceder hoy. ¡Que Dios lo haga de nuevo!

CAPÍTULO 1

ENTENDIENDO LOS MOVIMIENTOS

Los movimientos son uno de los medios clave por los cuales Dios trae renovación y expansión a la iglesia en su misión.

STEVE ADDISON

Ya sea que nos demos cuenta o no, los movimientos están ocurriendo a nuestro alrededor. El mundo está compuesto por miles de movimientos sociales de grupos de personas de varias naciones, razas y niveles socioeconómicos. Algunos movimientos son religiosos, mientras que otros están comprometidos con cuestiones sociales, ambientales o filosóficas. Quizás la definición más simple de movimientos es un gran grupo de personas comprometidas con una misma causa.

Los movimientos tienen que ver con el cambio; a menudo, los movimientos se comprometen a generar cambios importantes, lo que provoca trastornos a nivel local y nacional. Algunos movimientos son buenos, mientras que otros son destructivos y malos. Tomemos, por ejemplo, la pequeña nación africana de Ruanda. En 1994, Ruanda experimentó uno de los peores genocidios de la historia. En un período de cien días, cerca de un millón de Tutsis étnicos y Hutus moderados murieron a manos de Hutus extremistas. El genocidio de Ruanda dejó a millones de personas inocentes huérfanas o viudas, muchas de ellas niños pequeños y ancianos. Frente a tal atrocidad, es difícil imaginar que se produzca algo bueno como resultado, pero hubo destellos de esperanza tras los asesinatos. El gobierno hizo un llamado a la iglesia para que ayudara a la sanidad y la reconciliación entre los Tutsis y los Hutus, aunando esfuerzos para erradicar la pobreza y el analfabetismo. Un movimiento de odio casi destruyó la nación, pero dio origen a un nuevo movimiento de amor y reconciliación, que desde entonces ha ayudado a reconstruirla.

Los movimientos son a menudo una reacción ante o contra algo como la injusticia, la institucionalización o la corrupción. Otro ejemplo del poder de los movimientos sociales reaccionarios fue el movimiento por los derechos civiles en los Estados Unidos de mediados del siglo XX. El movimiento, liderado por Martin Luther King, Jr. y otros, deseaba acabar con la segregación racial y la discriminación contra los afroamericanos. A la edad de treinta y cinco años, Martin Luther King, Jr. se convirtió en el hombre más joven en recibir el Premio Nobel de la Paz. Las palabras proféticas del Dr. King inspiraron a una generación, lo que resultó en un cambio legal y social que empoderó a los estadounidenses negros que habían sido privados de sus derechos y perseguidos durante siglos. En el corazón de su mensaje estaban los temas de libertad, igualdad, justicia y amor.

La historia del mundo es una historia de movimientos sociales que cambiaron civilizaciones. Se ha dicho que, si no logramos comprender el pasado, estamos condenados a repetirlo. Por eso, para comprender mejor nuestra historia y las dinámicas que subyacen a los movimientos sociales, este capítulo analizará qué son los movimientos y cómo tienden a operar. En particular, veremos esta temática desde una perspectiva cristiana, preguntando cómo y por qué ciertos movimientos han llevado a la transformación y al cambio.

Características de los movimientos

Si bien todos los movimientos tienen características distintas, hay algunas características comunes que todos comparten. Los sociólogos L. P. Gerlack y V. H. Hine definen un movimiento como:

> un grupo de personas que están organizadas, ideológicamente motivadas y comprometidas con un propósito que implementa alguna forma de cambio personal o social; que participan activamente en el reclutamiento de otras personas; y cuya influencia se extiende en oposición al orden establecido dentro del cual se originó.[1]

Esta definición nos ayuda a ver los movimientos desde una perspectiva sociológica. En primer lugar, vemos que los movimientos involucran a las *personas*. En particular, los movimientos involucran grupos de personas o redes sociales que buscan generar cambios sociales en varios niveles y grados dentro de una sociedad o cultura. Los movimientos pueden tener lugar a nivel local, nacional o internacional. El experto en crecimiento de la iglesia George Hunter III ha desarrollado un útil resumen de lo que tienen en común los movimientos sociales más efectivos. Se refiere a estos factores como "dinámicas del movimiento":

Definiciones, mensaje y objetivos compartidos: un movimiento es una red organizada de personas con una definición compartida de la realidad, un mensaje compartido y una causa compartida con objetivos compartidos.

Compromiso a largo plazo: un movimiento no se limita a una sola campaña. Las personas están comprometidas durante el tiempo que sea necesario.

Posee algún nivel de organización: un movimiento se distingue de las meras tendencias en que está mínimamente organizado. Sin embargo, en comparación con las instituciones, los movimientos se organizan más de abajo hacia arriba que de arriba hacia abajo.

Puede incluir múltiples movimientos dentro de sí: dentro de los movimientos efectivos, generalmente florecen múltiples micro-movimientos organizados. Algunos ejemplos serían las numerosas organizaciones que comparten un compromiso con la paz o la salud de la creación, o las miles de órdenes misioneras dentro de la Iglesia Católica Romana.

Sin burocracia formal: los movimientos generalmente carecen de la influencia del poder burocrático dentro de la organización o la sociedad que esperan cambiar.

Evangelismo indiscriminado: los movimientos sociales efectivos evangelizan a todas las personas que pueden encontrar que sean receptivas a la causa. El factor más importante para determinar si la causa del movimiento finalmente prevalecerá depende del aumento en las filas de los que están seriamente comprometidos.

Abordaje pragmático de los programas y actividades: los movimientos sociales efectivos buscan continuamente formas de ampliar su alcance e influencia, y aumentar su gama de programas y actividades, al mismo tiempo que abandonan programas y actividades que ya no son efectivos.

Identidad de los miembros: en los movimientos fuertes, muchos miembros arraigan su propia identidad, al menos en parte, en su identificación con el movimiento.

Flexible y abierto al cambio: los movimientos efectivos son bastante flexibles. Pueden cambiar a medida que aprenden, crecen y se cambia el contexto.

Comunicación pública y personal: los movimientos efectivos comunican su visión y mensaje en dos pasos: (1) comunican su mensaje públicamente, de tantas maneras como sea posible, y (2) los miembros del movimiento luego entablan conversación con las personas que conocen el movimiento.[2]

Conocer los factores que subyacen a los diferentes movimientos sociales puede ayudarnos a comprender mejor cómo se extiende el cristianismo dentro de una cultura. Y aunque podríamos utilizar el lenguaje teológico y los conceptos bíblicos para describir los movimientos cristianos, también debemos reconocer que tienen fenómenos similares y superpuestos, comunes a todos los movimientos, y que podemos aprender mucho al conocerlos y estudiarlos.

El movimiento cristiano

Ahora que hemos visto algunas características generales de los movimientos, preguntémonos: *¿qué es lo distintivo de los movimientos sociales dentro del cristianismo?* En esencia, el cristianismo es más que una institución (como la Iglesia Ortodoxa o la Católica Romana); es un movimiento. La historia del cristianismo es la asombrosa e improbable historia del surgimiento de un movimiento religioso y sociológico. Con poco dinero y sin tecnología moderna ni estrategias de marketing de masas, el cristianismo creció hasta convertirse en una de las principales religiones del mundo. Las mejores estimaciones sugieren que hay más de dos mil millones de seguidores de Cristo en todo el mundo. Y todo comenzó cuando un desconocido maestro judío llamado Jesús invitó a algunas personas ordinarias a seguirlo.

Pocas personas hoy en día niegan que Jesucristo es uno de los hombres más importantes, si no *el* más importante, que jamás haya caminado sobre la tierra. Es uno de los hombres más amados y odiados de toda la historia de la humanidad. Se han librado guerras en su nombre y se han perdido millones de vidas por su causa. Su vida, muerte y resurrección inspiraron un movimiento revolucionario que comenzó hace más de dos mil años en lo que hoy llamamos Medio Oriente y se ha extendido a personas de todo el mundo. Su pequeño grupo de seguidores se convirtió en el semillero del mayor movimiento que el mundo jamás haya conocido.

El corto ministerio terrenal de Jesús comenzó cuando tenía treinta años y terminó abruptamente tres años después. Miles de personas siguieron a Jesús para escuchar sus enseñanzas y ser testigos de los milagros que realizaba. A menudo hablaba en parábolas —historias con significado simbólico— para explicar profundas verdades espirituales mientras enseñaba a las multitudes de personas que lo seguían. Jesús hablaba en el lenguaje común y cotidiano de la gente, y trataba de hacer accesibles sus enseñanzas a la persona promedio. Estas enseñanzas y las historias de sus milagros están registradas en los cuatro evangelios del Nuevo Testamento.

Sin embargo, aunque Jesús ministró a multitudes de miles de personas, el enfoque principal de su ministerio estaba en unas pocas personas selectas: sus discípulos. El "movimiento" de Jesús no fue el resultado de multitudes que lo seguían. Más bien, comenzó con estos doce hombres. En su libro clásico *Plan supremo de evangelización,* Robert Coleman dice que el plan de Jesús de reproducir discípulos no era preocuparse "por programas con los cuales llegar a las multitudes, sino por los hombres a quienes las multitudes habrían de seguir ... Los hombres constituirían su método para ganar al mundo para Dios. El propósito inicial del plan de Jesús fue reclutar a hombres que pudieran dar testimonio de su vida y completar su obra después de que él regresara al Padre".[3] Jesús fue intencionalmente selectivo en cuanto a quienes eligió para que lo siguieran, con el fin de instruir y capacitar a otros y, con el tiempo, reproducir lo que les transmitió. Unos pocos seguidores estratégicos que conocían bien sus enseñanzas y sus prácticas: este era el plan maestro de Jesús para lanzar un movimiento de reproducción de discípulos.

A partir de Jesús y sus seguidores, el movimiento cristiano se convirtió en un contagioso movimiento de multiplicación. Hoy hay seguidores en todos los continentes. Como una epidemia, un movimiento contagioso se propaga como una enfermedad infecciosa de una persona a otra. Toda epidemia comienza pequeña, con solo una o dos personas, y luego, con el tiempo, alcanza un punto crítico y comienza a propagarse rápidamente. En el libro de los Hechos, Lucas registra que había 120 hombres y mujeres reunidos en Jerusalén treinta días después de la muerte y resurrección de Jesucristo. Poco después, Lucas nos dice que tres mil personas más se agregaron a este número el día de Pentecostés (Hechos 2:41). Dado que no tenemos números firmes después de los registros en Hechos, los eruditos han estimado que en los años siguientes el cristianismo continuó creciendo a un ritmo del

40 por ciento cada década. Esto significa que habría habido 7,530 cristianos en el año 100 d.C., seguidos de 217,795 cristianos en el 200 d.C. y 6,299,832 cristianos en el 300 d.C.[4]

Al estudiar los primeros días del movimiento cristiano, los investigadores y sociólogos han tratado de comprender los factores que contribuyeron a este patrón de crecimiento continuo.[5] En otras palabras: *¿cómo* esta pequeña secta religiosa que se originó en el Medio Oriente creció hasta convertirse en el movimiento religioso más grande de la historia? La respuesta podría sorprenderle.

El sociólogo Rodney Stark resume el *cómo* detrás del crecimiento del cristianismo primitivo señalando su propagación a través de las relaciones interpersonales:

> "El cristianismo no creció por obra de milagros en el mercado … el principal medio de su crecimiento fue a través de los esfuerzos unidos y motivados del creciente número de creyentes, quienes invitaron a sus amigos, parientes y vecinos a compartir las "buenas nuevas".[6]

De manera similar, el autor y teólogo Alan Kreider argumenta que el improbable surgimiento del cristianismo se debe a lo que él llama "fermento paciente", una frase que apunta a una combinación de múltiples factores que influyen en el crecimiento a lo largo del tiempo, en lugar de un solo santo remedio que desbloqueó el crecimiento. Como escribe Kreider, el crecimiento del movimiento cristiano primitivo "fue descoordinado, impredecible y parecía imparable. El fermento fue espontáneo y contó con ingredientes ordinarios que a veces hacían sinergia en un brebaje embriagador".[7]

Tanto Stark como Kreider están de acuerdo en que el sorprendente crecimiento de la iglesia primitiva careció de un esfuerzo coordinado o un plan estratégico. Más bien, el sorprendente crecimiento del cristianismo fue el resultado del mensaje simple, pero transformador de vida, del evangelio que cambió la vida ordinaria de los primeros cristianos que seguían a Jesús fiel y pacientemente todos los días. El mensaje de Jesús compartido de persona a persona a lo largo del tiempo. Esto es lo que contribuyó, más que cualquier otra cosa, a la constante y rápida expansión del cristianismo en todo el mundo.

El surgimiento del cristianismo global

El crecimiento del cristianismo no fue un fenómeno aislado limitado a los primeros siglos. La historia del cristianismo es la historia de varios movimientos de multiplicación que cruzan fronteras culturales, lingüísticas y geográficas, uno tras otro a lo largo del tiempo.[8] Y aunque hay mucho que podemos aprender los primeros mil quinientos años de crecimiento transcultural, algunas de las percepciones más ricas para nosotros hoy provienen de una consideración más cercana de nuestro propio contexto occidental y de estudiar el crecimiento del movimiento en los últimos quinientos años. Con el tiempo, el cristianismo se extendió desde el Medio Oriente hasta el hemisferio occidental, y eventualmente tomó Europa por asalto. A partir de ahí siguió el patrón de la expansión colonial y comenzó a echar raíces en América del Norte y del Sur.

Los últimos quinientos años de historia de la iglesia a menudo se han centrado en estas iglesias europeas y sus descendientes. Sin embargo, como ha señalado el historiador Phillip Jenkins, los últimos cien años han visto un nuevo cambio en el centro de gravedad del movimiento cristiano hacia el sur, hacia África, Asia y América Latina.[9] Hoy, la iglesia está creciendo a un ritmo explosivo en todo el mundo.[10] Considere las siguientes estadísticas: En 1910, aproximadamente dos tercios de los cristianos del mundo vivían en Europa, donde la mayoría de los cristianos había vivido durante casi un milenio. Hoy, más de cien años después, alrededor de uno de cada cuatro cristianos vive en el África subsahariana (24 %), y aproximadamente uno de cada ocho se encuentra en Asia y el Pacífico (13 %). La gran cantidad de cristianos en todo el mundo se ha cuadruplicado en los últimos cien años, de alrededor de 600 millones en 1910 a más de dos mil millones en 2010. Más de 1.300 millones de cristianos ahora viven en el Sur Global (61%), en comparación con alrededor de 860 millones en el Norte Global (39%).[11]

Este crecimiento y los cambios geográficos y culturales que vemos están ocurriendo como resultado de varios movimientos de multiplicación entre diferentes grupos de personas. Hay mucho que podemos aprender de la iglesia global al observar lo que Dios está haciendo a través de estos movimientos. Como sugiere John Stott: "Debemos ser cristianos globales con una visión global porque nuestro Dios es un Dios global".[12] Un ejemplo del efecto que estos cambios están teniendo en el movimiento del cristianismo es el flujo del evangelismo de una cultura a otra. Debido al crecimiento del cristianismo en el Sur Global, el flujo del evangelismo está comenzando a revertirse de la dirección que tenía en el pasado reciente. Si bien las iglesias occidentales alguna vez enviaban misioneros y evangelistas para alcanzar iglesias en África, Asia y América Latina, hoy vemos creyentes de estas culturas que vienen a Europa y América del Norte para re-evangelizar el mundo occidental con el evangelio de Jesucristo. El autor británico Martin Robinson habla de misioneros de países como Brasil, Haití, México, Nigeria, República Dominicana y Etiopía, por nombrar algunos.[13] A medida que continúen estos cambios, las iglesias en Occidente deberán reexaminar sus viejos paradigmas y adaptarse a estos nuevos movimientos de Dios, tal vez a través de una humilde disposición de aprender de nuestros hermanos y hermanas de la iglesia global más amplia.

Estos cambios también están llevando a las iglesias occidentales a repensar su enfoque del evangelismo dentro de su propio contexto cultural. "Bienvenidos a la vida en el campo misionero de más rápido crecimiento en el mundo: América del Norte", proclamó Timothy C. Tennent, presidente del Seminario Teológico de Asbury, a los nuevos estudiantes del seminario en 2016.[14] Las iglesias de América del Norte y Europa no están presenciando un número creciente de personas que carecen radicalmente de iglesia o, como ha dicho el profesor Alvin Reid, "aquellos que no tienen una comprensión personal clara del mensaje del evangelio, y que han tenido poco o ningún contacto con una iglesia que enseñe la Biblia y honre a Cristo".[15] Sólo en los Estados Unidos hay 180 millones de personas que no tienen conexión con una iglesia local, lo que hace que Estados Unidos sea el mayor campo misionero del hemisferio occidental y el tercer campo misionero más grande de la Tierra.[16]

¿Cómo deberíamos responder al dramático declive de la iglesia en Occidente? ¿Se puede *volver* a ganar Occidente? Creo que la respuesta es sí, pero requerirá un movimiento de proporciones históricas. ¿Cómo podría ser un movimiento de multiplicación para nosotros hoy?

PERFIL

Características de los movimientos de renovación

De la misma manera que hay una variedad de movimientos sociales, también hay numerosos movimientos de renovación cristiana que proliferan en todo el mundo. Para los propósitos de este libro, consideraremos el avivamiento wesleyano como un movimiento de renovación. Por lo tanto, es bueno hacer la pregunta: "¿Cuáles son las características comunes de los movimientos de renovación?" El Dr. Howard Snyder ha realizado importantes investigaciones y escritos sobre las características de los movimientos de renovación, y ha escrito uno de los mejores libros que he leído sobre el tema titulado *Signs of the Spirit: How God Reshapes the Church*. En *Signs of the Spirit,* Snyder analiza la renovación de la iglesia desde una perspectiva histórica, centrándose en las características comunes de los movimientos montanista, pietista, moravo y metodista.

Snyder describe un movimiento de renovación como un "resurgimiento religioso definible desde el punto de vista sociológico y teológico, que surge y se mantiene dentro del cristianismo histórico, o en continuidad con éste, y que tiene un impacto significativo (potencialmente medible) en la iglesia en general en términos de número de adherentes, intensidad de creencia y compromiso, y/o la creación o revitalización de expresiones institucionales de la iglesia".[17] Esta definición nos ayudará a enmarcar y comprender el avivamiento wesleyano como un movimiento de renovación dentro de la Iglesia de Inglaterra.

Entonces, ¿cómo es que llega la renovación a la iglesia? Según Snyder, la renovación suele ser multidimensional. Identifica cinco dimensiones de renovación que ofrecen un marco para entender cómo Dios trae renovación a la iglesia a través de movimientos.

1. ***Renovación personal.*** Cuando pensamos en renovación, generalmente nos referimos a la renovación *espiritual* personal. Sea lo que sea la renovación, sin duda debe ser personal. Sin embargo, la renovación de los creyentes individuales es sólo una parte de la historia. Dios quiere ver renovado a todo el cuerpo de Cristo.
2. ***Renovación corporativa.*** Podemos llamar *renovación corporativa* a la obra de renovación general del Espíritu, o la renovación de todo el cuerpo. Dios quiere renovar a su Iglesia en su conjunto, para que toda la comunidad de creyentes adquiera una vida renovada.
3. ***Renovación conceptual.*** La renovación también podría darse *conceptualmente,* en la medida en que Dios proporciona una visión fresca de lo que la iglesia puede y debería ser. La renovación conceptual es una nueva visión para la vida y misión de la iglesia. Se produce principalmente en el área de nuestros pensamientos, ideas e imágenes de la iglesia.
4. ***Renovación estructural.*** Una cuarta dimensión de la renovación tiene que ver con formas y estructuras. Es la dimensión de la renovación relacionada con la forma en que nosotros, como creyentes, vivimos nuestra vida juntos. Es un asunto de tener los mejores odres para el vino nuevo. La renovación a menudo muere prematuramente por falta de estructuras efectivas.
5. ***Renovación misiológica.*** Una quinta dimensión de la renovación es la renovación misiológica: la renovación del sentido de llamado y la pasión de la iglesia. Una iglesia que necesita renovación está enfocada hacia adentro. Una iglesia renovada se enfoca hacia afuera,

hacia la misión y el servicio en el mundo. La renovación debe alcanzar el nivel misiológico para ser bíblicamente dinámica. Una iglesia no está verdaderamente renovada hasta que descubre su misión en el mundo.[18]

El trabajo de Snyder ofrece un útil resumen de la dinámica de los movimientos de renovación y la forma en que funcionan. A medida que comencemos a observar el movimiento wesleyano en los próximos capítulos, veremos similitudes con la lista de Snyder y encontraremos ideas para ayudarnos a comprender cómo podría ser ese movimiento en nuestros días.

Seis marcas del movimiento wesleyano

Por mucho que queramos ver un movimiento de multiplicación hoy, la mayoría de nosotros no podemos imaginar cómo sería eso. Estamos familiarizados con el statu quo, los modelos existentes de iglesia que se centran en gran medida en reuniones grupales para la adoración y la enseñanza. Para comenzar a clarificar nuestra visión, podemos beneficiarnos de una mirada más cercana a la historia de la iglesia. No hay mejor ejemplo de un movimiento exitoso de multiplicación de iglesias en Occidente que el movimiento metodista de los siglos XVIII y XIX. Creo que sirve como un paradigma indispensable de cómo podemos multiplicar la iglesia de hoy.

Puede que a algunos de los que lean esto les gusten las listas. Personalmente, no soy partidario de las listas porque pueden implicar erróneamente una secuencia u orden específico de eventos. Otros supondrán que son exhaustivas y que cubren definitivamente todo lo que hay que decir sobre un tema. Sin embargo, para este libro, he elaborado una lista de las seis marcas esenciales del avivamiento wesleyano, marcas que tienen cierta correlación con las marcas de otros movimientos de renovación.

Estas seis marcas nos dan una estructura *genética,* muy parecida al ADN en los organismos vivos, que funcionan mutuamente en conjunto para crear la dinámica de movimiento que condujo al avivamiento wesleyano. A medida que las lea, piense en estas marcas como un ecosistema interconectado, en lugar de enfocarse en las partes individuales. Deseo enfatizar que esta lista no es ni autoritativa ni exhaustiva. Más bien está diseñada para ofrecerle una imagen instantánea simple y accesible de los elementos clave que hicieron que el avivamiento wesleyano fuera tan exitoso. Mientras las lee, considere cómo podrían aplicarse hoy.

VIDAS CAMBIADAS

Los movimientos comienzan cuando la vida de las personas cambia mediante un encuentro fresco con el Dios vivo. Los movimientos a menudo comienzan con un líder catalítico como Juan Wesley, Jonathan Edwards o William Seymour cuya vida ha sido tocada por Dios. A veces el cambio es una experiencia de conversión. Otras veces es una renovación personal que se traduce en un compromiso radical de seguimiento de Cristo. Los movimientos no se tratan principalmente de números o lemas, sino de vidas cambiadas que conducen a una transformación cultural más amplia. En los movimientos de renovación, suele haber un punto de inflexión en el que la transformación que se produce en la vida de las personas a medida que adoptan una visión de renovación comienza a extenderse como un reguero de pólvora, lo que lleva a un cambio social y cultural más amplio.

FE CONTAGIOSA

Los movimientos se vuelven contagiosos cuando personas ordinarias comparten su fe con otros. Una de las razones por las que un movimiento crece y se extiende se debe a que tiene un mensaje sencillo y transformador de vidas, que las personas ordinarias pueden fácilmente entender y compartir con otros. El avivamiento se puede extender en la medida que las personas redescubren la simplicidad del evangelio o un aspecto esencial de la fe cristiana que los inspira y moviliza hacia la acción. Una característica común de estos movimientos de avivamiento es una invitación a comprometerse o a unirse a una causa, que es efectiva en ayudar a reclutar a otras personas para que se unan al movimiento. En los movimientos cristianos, este crecimiento suele resultar de una pasión renovada por compartir el evangelio con otras personas, y esta pasión se extiende de una persona a otra como un contagio. Durante el avivamiento wesleyano, si bien Wesley y otros líderes fueron efectivos en predicar a grandes multitudes, fueron los hombres y mujeres comunes los más efectivos en difundir el mensaje cristiano en Inglaterra y América del Norte, lo que resultó en la fe de millones de nuevos creyentes.

EL ESPÍRITU SANTO

Los movimientos enfatizan la persona y obra del Espíritu Santo en las vidas de las personas. Los encuentros frescos con el Espíritu Santo crean un sentido renovado de vitalidad espiritual entre los seguidores de Cristo, lo cual conduce a una renovación personal y corporativa. Más específicamente, la reciprocidad de la Palabra y el Espíritu interactuando juntos ofrece una mezcla potente que renueva la fe de las personas y las impulsa a salir al mundo en misión. La Palabra de Dios se convierte en la autoridad fundamental y en la guía para la vida, mientras que el Espíritu Santo llena y capacita a las personas para vivir una vida santa y compartir su fe con los demás.

SISTEMAS DE DISCIPULADO

Los movimientos desarrollan sistemas para el discipulado y el crecimiento espiritual. Con frecuencia, esto se asemeja a una especie de estructura de grupo pequeño para facilitar el crecimiento espiritual y el compromiso continuos. Mientras predicaba a grandes multitudes, Wesley descubrió rápidamente que la predicación por sí sola no era suficiente; las personas necesitaban apoyo continuo, comunidad y estructura para ayudarlos a continuar en el viaje espiritual. Para remediar esto, desarrolló un ecosistema integral diseñado para ayudar a las personas a crecer en cada etapa de su viaje. Esto involucró una estructura de grupo de discipulado entrelazada. Cada una de estas estructuras reunió a personas en grupos de diferentes tamaños enfocados en diferentes aspectos del proceso de discipulado para ayudar a las personas a crecer en su fe. También hubo prácticas espirituales que sustentaron y reforzaron todo el sistema de discipulado.

LIDERAZGO APOSTÓLICO

Los movimientos tienen un impulso apostólico, extraído de los modelos y métodos de la iglesia primitiva, que empodera y moviliza a todo el pueblo de Dios para la misión. Juan Wesley y los primeros metodistas no estaban tratando de ser innovadores u originales. Se inspiraron en la fe y la espiritualidad de la iglesia primitiva, especialmente la iglesia de los dos primeros siglos (la era anterior a Constantino). Se ha hecho referencia al metodismo como un movimiento apostólico laico dentro de la Iglesia de Inglaterra, que alude a la recuperación del ministerio para cada creyente cristiano, no solo para el liderazgo ordenado.[19] El impulso apostólico de la iglesia primitiva de difundir el evangelio y plantar nuevas iglesias motivó a los primeros metodistas a desarrollar formas de empoderar y liberar a cada miembro del cuerpo de Cristo para usar sus dones y talentos para Dios. Wesley trabajó personalmente para empoderar a miles de laicos, muchos de los cuales luego se convirtieron en líderes del movimiento. Estos hombres y mujeres cristianos ordinarios, no ordenados, se convirtieron en la base de la próxima generación a medida que el movimiento se extendía por todo el mundo occidental en los siglos XVIII y XIX.

MULTIPLICACIÓN ORGÁNICA

Los movimientos tienen un enfoque misional hacia afuera que conduce naturalmente a la multiplicación de discípulos y nuevas comunidades de fe. Los movimientos no se convierten en movimientos por autocontemplación, sino por mirar hacia fuera, por invitar a la gente a entrar y por crecer y multiplicar su misión e influencia. Existe un dinamismo y entusiasmo natural entre las personas que los hace contagiosos, ayudando a que el movimiento se extienda amplia y orgánicamente de una persona a otra. Podemos describir el crecimiento de los movimientos como orgánico porque tiende a suceder de forma natural, en lugar de ser forzado por el liderazgo al más alto nivel. Los movimientos miran hacia afuera y crecen, y se multiplican a medida que cambia la vida de las personas, comienzan a hacer discípulos y luego inician nuevos ministerios y comunidades de fe para facilitar el crecimiento continuo de más personas.

Conclusión

He presentado estas seis marcas porque forman la base de los capítulos restantes de este libro. En cada uno de los siguientes capítulos, veremos más de cerca una de las marcas, estudiando el pasado para descubrir cómo esa marca contribuyó a la multiplicación y el discipulado durante el avivamiento wesleyano. Luego consideraremos lo que podemos aprender de ello hoy, preguntando cómo podemos aplicar estos conocimientos en nuestro propio contexto y cultura.

Para empezar a conectar los puntos entre las seis marcas, ahora dirigimos nuestra atención a Juan Wesley y al movimiento metodista. Mirando al pasado, entenderemos mejor cómo Dios trajo avivamiento, primero a un individuo y a un grupo de sus amigos cercanos, luego a la nación de Inglaterra, dando lugar finalmente un movimiento mundial. Comenzaremos con Juan Wesley, aprendiendo lo que podamos de su vida y experiencia, y viendo cómo un encuentro fresco con Dios fue la chispa que lo inició todo.

CAPÍTULO 2

VIDAS CAMBIADAS

Yo sentí un extraño ardor en mi corazón.
JUAN WESLEY

La historia de la iglesia está llena de relatos de personas que tuvieron una experiencia transformadora de vida con Cristo resucitado que les cambió para siempre. Como Steve Addison afirma en su libro *Movimientos que cambian el mundo*: "La historia la hacen los hombres y mujeres de fe que se han encontrado con el Dios vivo".[1]

Moisés se encontró con Dios en la zarza ardiente.
Pablo se encontró con Cristo en el camino a Damasco.
Agustín se encontró con Dios bajo un árbol.
Lutero se encontró con Cristo en la Biblia.
San Francisco se encontró con Dios en la cruz.
San Patricio se encontró con Dios en un sueño.

Y como veremos, Juan Wesley se encontró con Cristo en Aldersgate. Como ocurre con la mayoría de los movimientos, el avivamiento metodista comenzó con un líder catalizador que experimentó un encuentro con Dios que le cambió la vida y que resultó en un redescubrimiento del evangelio. Para algunos líderes, este encuentro se describe mejor como una experiencia de conversión, mientras que para otros es un llamado a un compromiso más profundo con el Cristo que ya han conocido.

Nacido el 17 de junio de 1703 en la pequeña ciudad de Epworth, en el norte de Inglaterra, Juan Wesley fue uno de los diecinueve hijos de Samuel y Susanna Wesley. Su familia tenía una maravillosa herencia ministerial: su padre era pastor; tanto el papá como la mamá de Juan Wesley eran hijos de clérigos; e incluso la generación anterior incluía a una persona en el ministerio ordenado. Parecía natural que Wesley siguiera los pasos de su padre, su abuelo y su bisabuelo y dedicara su vida al servicio del Señor.

Los primeros años de Wesley en Epworth le dejaron una profunda impresión. Bajo la enseñanza y el discipulado de sus padres, desarrolló un amor por la iglesia y la educación, y una devoción a Dios. Muchos historiadores creen que su madre, Susanna, tuvo una influencia aún más fuerte sobre Wesley que su padre. Susana era muy culta, especialmente en literatura religiosa, y se ocupaba de la casa, enseñaba y disciplinaba a sus hijos, e incluso celebraba reuniones de oración en la casa pastoral cuando su esposo no estaba. A la muerte de su madre en 1742, Wesley recordó: "No puedo continuar sin dejar de mencionar que ella también (al igual que su padre y abuelo, su esposo y tres hijos) había sido, en su medida y grado, una predicadora de la justicia".

El 9 de febrero de 1709, justo antes de la medianoche, se produjo un acontecimiento que cambió la vida de la familia, cuando se inició un incendio en la casa pastoral. Sin un momento que perder, la mayoría de la familia escapó por la escalera y por una puerta. Unos pocos saltaron por una ventana del piso superior. Para su consternación, después de escapar de la casa, Samuel se dio cuenta de que Wesley, de cinco años, seguía durmiendo dentro. Samuel intentó volver a entrar, pero el fuego se había intensificado y le fue imposible hacerlo. A último minuto, un hombre que había llegado a la escena pudo subirse a los hombros de alguien y alcanzar a rescatar a Wesley del fuego. Casi tan pronto como escapó, toda la casa se quemó hasta los cimientos. Después de esto, la madre de Wesley lo llamó un "tizón arrebatado del fuego", y fue una experiencia que Wesley nunca olvidaría. La recordaba como evidencia de la providencia de Dios, quien lo salvó del fuego.

La educación de Wesley

A medida que Wesley crecía y maduraba, desarrolló una reputación por buscar una profunda piedad, aprendizaje y sabiduría práctica. Su educación formal comenzó a la edad de once años cuando fue enviado a Charterhouse, una escuela que lo prepararía para la Universidad de Oxford. Seis años más tarde, en 1720, se matriculó en el Christ Church College de Oxford y, cuando se graduó en 1724, se había vuelto muy versado en teología, ciencia, historia y literatura clásica. Durante su estancia en Oxford, Wesley mostró un interés significativo en asuntos religiosos y tenía poco interés en las experiencias religiosas internas. Sin embargo, después de dejar Oxford, sus pensamientos sobre la naturaleza de la religión comenzaron a cambiar. Los eruditos a menudo marcan el año 1725 como el comienzo del despertar religioso de Wesley y el comienzo de la primera de las tres fases de su desarrollo teológico. Empezó a pensar seriamente en convertirse en sacerdote anglicano ordenado, y sus padres lo alentaron con entusiasmo en esta búsqueda.

Varios factores ayudaron a dar forma al pensamiento religioso de Wesley durante este tiempo. Primero, Wesley estuvo expuesto a los siguientes escritos, que tuvieron un profundo impacto en su espiritualidad: *Reglas y ejercicios para vivir y morir en santidad* del obispo Jeremy Taylor, *La imitación de Cristo* de Tomás à Kempis, y la *Perfección cristiana* y *La seriedad de nuestro llamado* de William Law. La lectura de estos libros inició un proceso de interiorización de sus creencias religiosas, llevándolo por el camino de la santidad. Tomaba la comunión todas las semanas, asistía a las oraciones, evitaba los pecados externos y buscaba vivir una vida santa. Wesley fue ordenado diácono en setiembre de 1725 y se convirtió en sacerdote en julio de 1728.

El Club Santo

Aproximadamente al mismo tiempo que Wesley, su hermano menor, Carlos, también ingresó al Christ Church College como estudiante. Carlos ayudó a organizar un pequeño grupo de estudiantes de Oxford que se reunían regularmente con el propósito de estudiar y formarse espiritualmente, y Wesley se unió al grupo. Juan rápidamente fue reconocido como el líder no oficial. Es importante reconocer aquí que, si bien Oxford se dedicaba formalmente a capacitar a jóvenes para el ministerio en la Iglesia de Inglaterra, no era un lugar particularmente espiritual. Siendo estudiante, Carlos comentó: "Christ Church es ciertamente el peor lugar del mundo para comenzar una reforma; un hombre tiene muchas posibilidades de quedar fuera de su religión".[2] Sin embargo, en la providencia de Dios, Oxford demostraría ser bastante formativo para Wesley, Carlos y muchos otros. Junto con sus actividades académicas, los estudiantes se dedicaban devotamente a la oración, el estudio de la Biblia, el ayuno, la comunión y el trabajo social, incluidas las visitas a las cárceles y el cuidado de los enfermos. El biógrafo C. E. Vulliamy describe el Club Santo de esta manera:

> Los miembros del club dedicaban una hora, por la mañana y por la noche, a la oración privada. A las nueve, a las doce y a las tres recitaban una colecta, y en todo momento se examinaban a sí mismos con atención, buscando signos de gracia y tratando de conservar un alto grado de fervor religioso. Hacían uso de jaculatorias piadosas, consultaban con frecuencia sus Biblias y anotaban, en diarios cifrados [es decir, codificados], todos los detalles de sus ocupaciones diarias. Cada día se dedicaba una hora a la meditación. Ayunaban dos veces por semana, observaban todas las fiestas de la iglesia y recibían los sacramentos todos los domingos. Antes de reunirse, preparaban su conversación, para que las palabras no se pronunciaran sin propósito. La iglesia primitiva, en la medida en que tenían conocimiento de ella, fue tomada como modelo.[3]

La visibilidad de estas prácticas santas les valió varios apodos, incluidos "sacramentales", "entusiastas", "polillas de la Biblia", "club santo" y "metodistas". Este último nombre sería el que se mantendría, convirtiéndose finalmente en el nombre del movimiento. Los hermanos Wesley también se relacionaron con George Whitefield, que más tarde se convertiría en otro líder del avivamiento evangélico en expansión. Whitefield era compañero de estudios y también miembro del "Club Santo", y Wesley quedó impresionado por el ingenio y la piedad de Whitefield. Los dos hombres se hicieron muy amigos.

Las experiencias con el Club Santo marcan el tiempo de Wesley en Oxford y fueron una temporada importante de desarrollo religioso para él y su hermano. Fue en Oxford donde Wesley comenzó a desarrollar su visión para la recuperación del "cristianismo bíblico", que se convertiría en un sello distintivo del movimiento metodista. La combinación de piedad personal, disciplina espiritual, comunidad íntima y ministerio a los pobres y los enfermos, todo ello presente en forma de semilla en el Club Santo, se convirtió en la base del movimiento wesleyano a medida que se extendía por Inglaterra y al otro lado del Atlántico.

Primer viaje de Wesley a América

En 1735, solo ocho semanas después de la muerte de su padre, Wesley zarpó hacia Savannah, Georgia. Había aceptado la capellanía del gobernador James Oglethorpe en la colonia estadounidense de Georgia y había sido comisionado allí como misionero por la Sociedad para la Propagación del Evangelio, el ala misionera de la Iglesia de Inglaterra. Después de un viaje de dos meses por mar, Wesley desembarcó en las colonias el 6 de febrero de 1736. Si bien su intención principal al venir a América era el ministerio hacia los nativos americanos, se encontró sirviendo como ministro de la parroquia a los colonos que vivían en Savannah. Su hermano, Carlos, le había acompañado y trabajaba como secretario personal del gobernador James Oglethorpe. Oglethorpe había sido amigo personal de su padre y estaba ansioso por contar con la ayuda de los dos hijos de Samuel en Georgia.

La obra misionera de los hermanos Wesley en Savannah duró menos de dos años.[4] Las ambiciones de Juan y Carlos nunca se realizaron por completo, ya que la relación de Carlos con Oglethorpe fue tensa desde el principio, y los sueños de Wesley de evangelizar a los nativos americanos nunca se cumplieron. En cambio, trabajó incansablemente entre los colonos y se enamoró de una de sus feligreses, Sophy Hopkey. Se produjo una breve relación, pero Wesley no pudo proponerle matrimonio y Sophy se comprometió con otro hombre. Cinco meses después del matrimonio, Wesley se negó a servir la comunión a la nueva Sra. Sophy Williamson, y los Williamson lo demandaron por difamación. Después de varios meses estresantes de ministerio, Wesley se dio cuenta de que su tiempo había terminado. Escribió en su diario: "Vi claramente que había llegado la hora de dejar este lugar".

Durante su tiempo en Georgia, y nuevamente a su regreso a Inglaterra, Wesley se familiarizó con un grupo de creyentes cristianos llamados moravos. Los moravos eran pietistas, enfatizando las prácticas personales de oración y una experiencia individual con Dios. Estaban asociados con las enseñanzas del conde Nicolás Ludwig von Zinzendorf, quien enseñaba una fe sencilla y la seguridad de la salvación a través del testimonio interior del Espíritu. Wesley quedó impresionado con su confianza y la manera en que practicaban su fe. El 7 de febrero de 1736, mientras Wesley todavía ministraba en Georgia, un líder moravo llamado August Gottlieb Spangenburg comenzó a cuestionar respetuosamente la propia fe de Wesley. Wesley luego relató el diálogo:

> Dijo: "Hermano mío, ante todo debo hacerte una o dos preguntas. ¿Tienes en ti mismo el testimonio de Dios? ¿Da el Espíritu de Dios testimonio a tu espíritu de que eres hijo de Dios?" Estaba sorprendido y no supe qué responder. Él se dio cuenta y preguntó: "¿Conoces a Jesucristo?" Hice una pausa y dije: "Yo sé que es el salvador del mundo". "Cierto", respondió Spangenberg; "pero, ¿sabes que él te ha salvado?" Yo respondí: "Espero que él haya muerto para salvarme". A lo que Spangenberg añadió: "¿lo sabes por ti mismo?" Yo dije: "Sí, lo sé". Pero me temo que esas fueron vanas palabras.[5]

Más tarde, Wesley daría el crédito a los moravos como instrumentos que lo llevaron a buscar un cristianismo interior, una comprensión y experiencia de Dios que resultó en un corazón y una vida transformados. En su viaje de regreso a Inglaterra, Wesley escribió: "Fui a América a convertir a los indígenas; pero, ay, ¿quién me convertirá a mí? ¿Quién, quién me librará de este corazón perverso e incrédulo?" Está claro que estas preguntas fueron el resultado de que Wesley comparara su propia fe con la simple seguridad que había visto entre los moravos. El anhelo de Wesley por una experiencia real de Dios y una fe segura pronto vendrían.

Un ardor extraño en el corazón

Cuando regresó a Inglaterra, Wesley pasó varios meses de angustia espiritual y profunda introspección, desafiado por la sencilla fe en Cristo que había presenciado entre los moravos. Entonces Wesley conoció a otro creyente moravo llamado Peter Böhler. Böhler convenció a Wesley de que la conversión se produce en un instante y no a través de un largo proceso, y que los verdaderos cristianos tienen la seguridad de su salvación por el testimonio interno del Espíritu Santo. Böhler testificó que esa fue su propia experiencia y le presentó a Wesley varios testigos que daban fe de una experiencia similar de fe instantánea.

Mientras Böhler compartía acerca de las misericordias de Dios, Wesley lloró y decidió que buscaría su propia seguridad plena de salvación. Escribió: "Ahora estaba completamente convencido. Por la gracia de Dios decidí buscar esa fe hasta el final: 1) renunciando absolutamente a toda dependencia, completa o en parte, de mis propias obras de justicia sobre las cuales había realmente afianzado mi esperanza y salvación, aunque no lo sabía, desde mi juventud".[6] Claramente, los moravos tuvieron un impacto significativo en Wesley, en su fe y en su entendimiento de la conversión. El erudito metodista británico Herbert McGonigle afirma: "Ningún grupo de cristianos había ayudado a Juan Wesley más sinceramente o más profundamente que los moravos".[7]

Las entradas del diario de Wesley desde el 2 de abril hasta el 24 de mayo de 1738 también proporcionan evidencia de un cambio profundo, mostrando que los moravos fueron fundamentales para guiarlo a buscar un cristianismo interno del corazón que estuviera acompañado por el testimonio interno del Espíritu. De los moravos aprendió una nueva comprensión de la fe, la seguridad y la experiencia cristiana, todo arraigado en la obra experiencial del Espíritu Santo. La influencia duradera de los moravos se puede ver en el concepto de Wesley del "testimonio del Espíritu" que se encuentra a lo largo de sus escritos y sermones. Luego, el 24 de mayo de 1738, mientras asistía a una reunión de oración en la Calle de Aldersgate en Londres, Juan Wesley tuvo su propio encuentro personal con Jesucristo, una experiencia que cambió su vida para siempre. El escribió:

> En la noche fui de muy mala gana a una sociedad en la Calle de Aldersgate, donde alguien estaba dando lectura al prefacio de la Epístola a los Romanos de Lutero. Cerca de un cuarto para las nueve de la noche, mientras él describía el cambio que Dios obra en el corazón a través de la fe en Cristo, yo sentí un extraño ardor en mi corazón. Sentí que confiaba en Cristo, sólo en Cristo para la salvación, y recibí una seguridad de que él me había quitado todos mis pecados, aun los míos, y me había librado de la ley del pecado y de la muerte.
>
> Empecé a orar con toda mi fuerza por aquellos que me ultrajaron y me persiguieron en manera especial. Luego testifiqué abiertamente a todos los presentes lo que había sentido por primera vez en mi corazón. No pasó mucho tiempo antes que el enemigo sugiriera: «Esto no puede ser fe; pues ¿dónde está tu regocijo?» Entonces aprendí que la paz y la victoria

> sobre el pecado son esenciales a la fe en el Capitán de nuestra salvación; pero que en cuanto al gozo que generalmente está presente al comienzo de ésta, especialmente en quienes han sufrido mucho, Dios unas veces lo da y otras no, según los designios de su propia voluntad.
>
> Después de regresar a casa, fui muy sacudido por tentaciones; pero clamé y se fueron. Las tentaciones regresaban una y otra vez. Conforme levantaba mis ojos, él me enviaba ayuda desde su santuario. Y es aquí donde encontré la diferencia entre este estado y mi estado anterior. Yo luchaba, más aún, peleaba con toda mi fuerza bajo la ley, así como también bajo la gracia. Pero entonces, a veces, por no decir con frecuencia, era vencido. Ahora, yo era siempre el vencedor.[8]

Algunos intérpretes se refieren a esta experiencia como la "conversión" de Wesley. Sin embargo, este fresco encuentro con Dios en Aldersgate fue significativo en la preparación de Wesley para su próxima temporada de ministerio como líder del creciente movimiento metodista. No obstante, Aldersgate resultó ser solo uno de los muchos hitos revolucionarios en la vida religiosa de Wesley que cambiaron el curso de su ministerio. Albert Outler escribió, hablando de las reflexiones posteriores de Wesley sobre este evento: "Es como si Wesley se diera cuenta de que Aldersgate había sido *uno* de una serie de 'puntos de inflexión' en su paso de catedrático a misionero a evangelista".[9]

Para comprender completamente el peregrinaje de fe de Wesley, debemos tener en cuenta las diversas etapas e influencias, y no solo la experiencia de Aldersgate. Lo que verdaderamente convirtió a Wesley en líder de un movimiento fue una vida de estudio, hábitos, relaciones y encuentros con Dios. Entonces, ¿cuáles fueron las influencias que llevaron a ese momento crucial en Aldersgate? Si observamos la vida de Wesley, la primera influencia importante fue su familia, especialmente su madre, en su desarrollo temprano en la fe. En casa, en esos primeros años, Wesley comenzó a aprender sobre Dios y desarrolló por primera vez una pasión por el estudio. Sus estudios y experiencias posteriores en Oxford formaron la disciplina y las prácticas que lo llevarían el resto de su vida. Su interacción con los moravos cultivó en él el hambre de un caminar más profundo con Dios, marcado por la seguridad de la fe. A través de los moravos también conoció el concepto de las *reuniones de banda,* grupos pequeños de creyentes que se reúnen para orar, debatir, rendir cuentas de la espiritualidad y animarse. Todos estos factores nos llevan a su experiencia en Aldersgate, que le proporcionó la firme determinación y la renovada fe en Dios necesarias para liderar un movimiento. Aldersgate no fue un evento aislado, sino que otros miembros del movimiento metodista primitivo experimentaron un mover similar de la presencia y el poder de Dios en sus vidas. El hermano de Wesley, Carlos, tuvo una experiencia como Aldersgate solo tres días antes. Otro contemporáneo de Juan Wesley, John Newton demuestra bellamente el magnífico poder de encontrarse con Dios y la gracia salvadora.

Newton nació en Londres el 24 de julio de 1725, hijo de un comandante de un barco mercante que navegaba por el Mediterráneo. A los once años, Newton se hizo a la mar con su padre y comenzó la vida de marinero. Se enfrentó a muchas pruebas en el mar y finalmente se convirtió en capitán de su propio barco, que se dedicaba al comercio de esclavos.

En 1748, Newton tuvo una conversión espiritual mientras navegaba de regreso a Inglaterra a bordo de un barco mercante. El navío se encontró con una fuerte tormenta y casi se hundió. Newton se despertó en medio de la noche y clamó a Dios mientras el barco se llenaba de agua. Después de atravesar la tormenta, Newton comenzó a orar y leer la Biblia durante el resto del viaje. Más tarde marcó esta experiencia como el comienzo de su conversión al cristianismo.

Newton finalmente abandonó la trata de esclavos y se convirtió en ministro ordenado en la Iglesia de Inglaterra, un abolicionista y amado escritor de himnos. Entre las contribuciones de Newton se encuentra el himno "Sublime gracia", que todavía es cantado por millones de personas en todo el mundo. "Sublime gracia" describe maravillosamente la gracia gratuita de Dios en un canto:

Sublime gracia del Señor
Que a un pecador salvó;
Fui ciego mas hoy veo yo,
Perdido y Él me halló.
Su gracia me enseñó a temer;
Mis dudas ahuyentó;
¡Oh cuán precioso fue a mi ser
cuando Él me transformó!
En los peligros o aflicción
Que he tenido aquí,
Su gracia siempre me libró
y me guiará feliz.

PERFIL

Martín Lutero y la chispa de la Reforma

Más de doscientos años antes de Wesley, Martín Lutero encontró la gracia de Dios. Lutero nació el 10 de noviembre de 1483 en Eisleben, Alemania. Después de casi morir en una tormenta eléctrica, Lutero se unió al monasterio de la Orden Agustina en Erfurt, donde se esperaba y se hacía cumplir una estricta disciplina. Se entregó por completo a la rigurosa vida monástica de oración, estudio y práctica diaria de los sacramentos, y confesaba regularmente sus pecados a un sacerdote. Estaba tratando de ganar su salvación por medio de las buenas obras, pero nada satisfizo su anhelo interior de ser aceptado por Dios.

Lutero se convirtió en profesor de tiempo completo en la Universidad de Wittenberg, donde enseñó teología y la Biblia. Allí comenzó a estudiar los libros de Romanos y Gálatas. Estos dos escritos del Nuevo Testamento lo ayudaron a descubrir la doctrina de la justificación por la fe y la salvación por la gracia. Después de años de luchar con Dios, Martín Lutero finalmente aceptó la gracia de Dios. Bellamente describió su experiencia personal de justificación por la fe de la siguiente manera:

> Noche y día reflexioné hasta que vi la conexión entre la justicia de Dios y la afirmación de que 'el justo vivirá por la fe'. Entonces comprendí que la justicia de Dios es aquella justicia por la que, mediante la gracia y la pura misericordia, Dios nos justifica por la fe. Entonces sentí que había renacido y que había entrado en el paraíso por las puertas abiertas. Toda la Escritura adquirió un nuevo significado, y si antes la "justicia de Dios" me llenaba de odio, ahora me resultaba inexpresablemente dulce en un amor mayor".[10]

El encuentro de Lutero con Dios fue la chispa que marcó el comienzo de la Reforma Protestante y el redescubrimiento de la doctrina de la justificación por gracia mediante la fe solamente.

Fue mientras escuchaba el Prefacio de Lutero a la Epístola a los Romanos que Wesley se encontró con Dios en Aldersgate. Al igual que Lutero, la experiencia de Wesley le dio una seguridad de su fe y una creencia firme en la gracia de Dios y el valor para convertirse en el líder de un movimiento. Los encuentros de los dos hombres con Dios hicieron que su fe evolucionara de una mera teoría a una experiencia tangible con el Dios vivo.

Siguiendo a Jesús hoy

Como se dijo anteriormente, el encuentro de Wesley con Dios en Aldersgate no fue una experiencia aislada. Las personas todavía se encuentran con Dios hoy, a menudo en poderosas experiencias de gracia y convicción. Puedo dar fe de esto de primera mano. A los diecinueve años comencé a buscar respuestas al sentido de la vida, cuestionando la existencia de Dios. A diferencia de Wesley, yo tuve poca experiencia personal con la iglesia mientras crecía. Sin embargo, por primera vez en mi vida, mientras buscaba y cuestionaba, tuve una conciencia creciente de mi propio pecado y de mi necesidad personal de Dios. Empecé a sentir que había algo más en la vida que la forma en que estaba viviendo, porque la forma en que estaba viviendo sólo me traía miseria y dolor. Recuerdo un día en particular en el que me sentí obligado a ir al lago cercano a mi casa para pensar en estas cosas. No sabía que ese momento se convertiría en una experiencia de encrucijada en mi vida, similar a la experiencia de Wesley en Aldersgate. Sentado en una piedra cerca del lago, rompí a llorar y hablé abiertamente con Dios, confesando mi deseo de volverme de mis caminos destructivos. Inmediatamente experimenté la presencia y la paz de Dios en mi corazón y en mi vida. Al igual que Wesley, sentí un extraño ardor en mi corazón y el amor de Dios inundó mi alma, y sentí como si la mancha de culpabilidad de mis pecados hubiera sido limpiada. Sentado a la orilla del agua, acepté a Jesucristo en mi corazón como mi Señor y Salvador. He estado siguiendo a Jesús desde ese día y sigo haciéndolo después de todos estos años.

Comparto esto porque mi historia no es única. En mi trabajo como pastor, plantador de iglesias y profesor, he conocido a cientos de personas de todos los Estados Unidos y alrededor del mundo cuyas vidas han cambiado por encuentros similares con Jesucristo. Vienen de diferentes trasfondos y etapas de la vida; algunos son pobres, mientras que otros son millonarios. Pero lo que cada uno tiene en común es una fe sencilla y confianza en Jesucristo como su Señor y Salvador. Cuando Jesús llama a una persona, exige una respuesta, y el llamado de Dios no puede ser ignorado ni quedar sin respuesta. O bien el oyente confía y obedece, o bien se niega dudosamente. Pero sea cual sea la respuesta, debemos responder al llamado.

Y, ¿qué es el llamado de Dios? El teólogo y pastor alemán Dietrich Bonhoeffer dijo una vez: "Toda llamada de Cristo conduce a la muerte".[11] El llamado a seguir a Cristo, ante todo, es un llamado a la entrega total. Debemos dejar atrás nuestra autodependencia y decidirnos seguir a Jesús, tal como lo hicieron los discípulos en su día. Puede que no entendamos todas las doctrinas de la fe cristiana, pero debemos saber que aquel a quien seguimos exige y merece nuestra lealtad como Hijo de Dios. Como ha dicho C. S. Lewis, una persona debe aceptar las afirmaciones de la Biblia con fe o descartarlas por completo; no hay término medio:

> El hombre que sin ser más que hombre haya dicho la clase de cosas que Jesús dijo, no es un gran moralista. Bien es un lunático que está al mismo nivel del que dice que es un huevo o el diablo del infierno. Puedes hacer tu elección. O bien este hombre era, y es el Hijo de Dios; o era un loco o algo peor. Escarnécele como a un insensato, escúpelo y mátalo como a un demonio; o cae a sus pies y proclámalo Señor y Dios. Pero no asumamos la actitud condescendiente de decir que fue un gran maestro de la humanidad. Él no nos proporciona campo para tal actitud. No fue eso lo que Él intentó.[12]

¿Cómo debemos responder a Jesús? Cada uno de nosotros debe decidir por sí mismo si Jesús es el Señor, un mentiroso o un lunático. O es el Hijo de Dios, o no lo es. He conocido a muchas personas maravillosas que han querido creer las cosas que Jesús dijo y enseñó, pero no pudieron afirmar su identidad divina.

Todo peregrinaje comienza con un primer paso. Convertirse en cristiano es sencillo, pero es muy profundo. Comienza con la oferta gratuita de salvación de Dios a través de su Hijo, Jesucristo. Si usted no es creyente, lo que debe hacer para creer es poner su fe y esperanza en Jesucristo como Señor y Salvador. Como dije, es sencillo, ¡pero no es fácil! En lugar de confiar en nosotros mismos, ponemos nuestra confianza sólo en Cristo para salvarnos de nuestro pecado y naturaleza caída por medio de la obra que ha realizado en la cruz. ¡Entréguele hoy su vida y empiece a seguirlo! Como hemos visto con Wesley, y como puedo atestiguar personalmente, Dios hace cosas extraordinarias a través de personas ordinarias que le entregan su vida.

Comparto lo anterior porque de esto es de lo que están hechos los movimientos. Todo movimiento de avivamiento cristiano comienza con un seguidor de Cristo que se compromete radicalmente a seguir a Jesús. Este es el punto de partida y fundamento. Pero tenga cuidado: ¡ser un seguidor de Jesús no es para los débiles de corazón! Seguir a Jesús no elimina los problemas o dificultades de la vida. Por el contrario, como creyente usted probablemente tendrá que sufrir por su fe. Su compromiso con Cristo será resistido y atacado de una forma u otra, ya que todos los cristianos están llamados a identificarse con la misión de Cristo, que inevitablemente implica sufrimiento y posiblemente muerte. Esto no significa que todo creyente necesariamente tendrá que morir por su fe, pero debemos estar dispuestos y listos para dar nuestra vida por el Señor. Como discípulos de Jesús, aceptamos todo lo que se nos presente mientras seguimos la misión y compartimos el mensaje de Cristo. Si queremos tener alguna esperanza de que se produzca un movimiento de avivamiento en nuestros días, éste comenzará con los creyentes ordinarios que tienen un encuentro fresco con el Cristo vivo.

Conclusión

Las historias de personas como Juan Wesley, Martín Lutero y John Newton nos recuerdan que Dios obra por medio gente ordinaria. Además, las personas se siguen encontrando con el Dios viviente hoy en día. Aunque Wesley creía en muchas verdades sobre Dios, no fue hasta que experimentó un encuentro vivo con Jesucristo en Aldersgate, que tuvo la plena seguridad de su fe necesaria para moldearlo de manera que se constituyera en el líder del movimiento metodista. Las historias de hombres como Lutero, Wesley y Newton nos enseñan que podemos saber acerca de Dios sin verdaderamente *conocerlo*. El hecho de que usted sea miembro de una iglesia o haya sido bautizado cuando era niño o niña, no le convierte en verdadero creyente. Si este fuera el caso, muchas de las principales denominaciones contemporáneas no estarían en un declive tan rápido. No, este capítulo nos recuerda que necesitamos un encuentro con Dios que cambie la vida. Este nuevo encuentro con el Dios viviente fue la chispa que cambió la vida de Wesley.

Pero Aldersgate no fue el comienzo. El inicio del movimiento sucedió cerca de dos mil años antes con la venida de Jesucristo. A lo largo de la historia, Dios ha utilizado a muchas personas: desde el apóstol Pablo hasta Agustín de Hipona, Martín Lutero y otros. Además, como veremos en el siguiente capítulo, Wesley no había inventado algo nuevo, sino que simplemente redescubrió el poder de algo antiguo. De generación en generación, Dios nunca cambia: "Jesucristo es el mismo ayer y hoy y por los siglos" (Hebreos 13:8). Este redescubrimiento del encuentro fundamental con Dios que cambia la vida y de las creencias básicas del cristianismo, sentó las bases de una fe contagiosa que se extendería de persona a persona por toda Inglaterra y en el nuevo mundo.

CAPÍTULO 3

UNA FE CONTAGIOSA

A finales de los siglos XVIII y XIX,
el movimiento metodista se convirtió en
una epidemia en Inglaterra y Norteamérica.

MALCOLM GLADWELL

El exitoso autor Malcolm Gladwell ha escrito un libro que invita a la reflexión titulado: The Tipping Point: How Little Things Can Make a Big Difference (El punto clave). Gladwell analiza cómo las ideas, las tendencias y los comportamientos sociales se extienden como un reguero de pólvora una vez que alcanzan un punto clave, más allá del cual la multiplicación es exponencial. Traza varios paralelismos entre la difusión de ideas, comportamientos y tendencias, y la propagación de virus contagiosos en epidemias devastadoras:

> *El punto clave* es la biografía de una idea. Se trata de una idea muy sencilla: consiste en pensar que la mejor forma de entender los cambios misteriosos que marcan nuestra vida cotidiana (ya sea la aparición de una tendencia en la moda, el retroceso de las oleadas de crímenes, la transformación de un libro desconocido en un éxito de ventas, el aumento del consumo de tabaco entre los adolescentes, o el fenómeno del boca a boca) es tratarlos como puras epidemias. Las ideas, los productos, los mensajes y las conductas se extienden entre nosotros igual que los virus.[1]

Pero todo esto lleva a la pregunta que plantea Gladwell: "Entonces, ¿por qué ciertas ideas, conductas o productos provocan epidemias y otras no?". O, dicho de otro modo: "¿Por qué unas ideas se convierten en movimientos y otras no?". Aunque hay muchos factores involucrados, Gladwell los reduce a tres reglas simples: la ley de los especiales, el factor del gancho y el poder del contexto. La ley de los especiales es la idea de que las epidemias sociales se propagan por *un puñado de personas excepcionales* a través de su influencia y conexiones sociales. El factor de gancho sugiere que hay formas específicas de *hacer que un mensaje contagioso sea memorable,* y estos métodos pueden marcar la diferencia en la forma en que se propaga ese mensaje y el impacto que tiene. El poder del contexto dice que los seres humanos están fuertemente influenciados por sus circunstancias y condiciones, y son particularmente *sensibles a los entornos en los que viven.*[2]

La hipótesis de Gladwell, aunque se aplicó inicialmente al marketing de productos y marcas, también tiene relevancia para la propagación de movimientos sociales y religiosos más amplios. Si consideramos las tres reglas identificadas en el análisis de Gladwell y las aplicamos al movimiento metodista, encontramos paralelos inmediatos. Como veremos en este capítulo, Wesley tuvo su propia "gran idea" y utilizó la ley de los especiales para difundirla ampliamente en su red social. El metodismo también tenía un factor del gancho, que se extendía a través de relaciones contagiosas que unían el evangelismo y el discipulado. Como veremos, los primeros metodistas entendieron el poder del contexto, buscando llegar a las personas justo donde vivían.

Como vimos en el capítulo 1, un movimiento es una red organizada de personas con una definición compartida de la realidad, un mensaje compartido y una causa compartida con objetivos compartidos. Todos los movimientos sociales exitosos comenzarán con un mensaje, idea o propósito claro y simple que unifica a las personas para una causa común. A medida que aplicamos este filtro al metodismo, descubrimos que la gran idea, la "definición compartida de la realidad", era el mensaje esencial de salvación. Y la causa compartida que unía al movimiento era la comunicación de este mensaje a través de la predicación de campo y predicadores laicos.

El mensaje de salvación

Con su nueva experiencia personal de salvación, Juan Wesley sentía una carga por compartir con las demás personas, que le llevó a saltarse los métodos y estructuras tradicionales de su época y a proclamar el mensaje de salvación directamente a las masas. El mensaje de salvación es el hilo escarlata que se entreteje a lo largo de los escritos de Juan Wesley, y fue a través de esta lente que trató de entender y explicar la experiencia cristiana de una manera que la gente común pudiera entender. La mayor parte de los sermones de Wesley tratan sobre el tema de la salvación (*La salvación por la fe, El casi cristiano, El cristianismo bíblico, El camino de la salvación según las Escrituras, La justificación por la fe, Las señales del nuevo nacimiento* y *El nuevo nacimiento,* solo por nombrar algunos). La teología de la salvación de Wesley era muy práctica y él se encargó de resaltar la importancia de que todos—hombres, mujeres, niños y niñas—escucharan el mensaje de salvación. Wesley quería que todos experimentaran el poder transformador del evangelio, por lo que no solo predicó estas verdades maravillosas, sino que las compartió en sus escritos, himnos y diarios, y los publicó para que otros los leyeran y releyeran. Esperaba poner estos escritos en manos de todos los metodistas, para que encontraran personalmente las mismas verdades que tanto le apasionaban.

Wesley también enfatizó la necesidad de un nuevo nacimiento, un proceso espiritual que a veces llama *regeneración.* Esto está en consonancia con lo que había leído en Juan 3:7: "Os es necesario nacer de nuevo". Wesley usó los términos "nuevo nacimiento", "nacer de nuevo" y "regeneración" indistintamente para describir esta obra de Dios en el corazón humano, un nacimiento espiritual en el que nacemos de nuevo. Este énfasis en el nuevo nacimiento finalmente se convirtió en un sello distintivo del movimiento metodista y sirvió como catalizador para su crecimiento. Wesley descubrió que el mensaje sencillo y transformador del evangelio, tenía que ver profundamente con las necesidades sentidas de la gente común. Por ello, intentó intencionadamente que sus sermones y escritos fueran accesibles a las masas: "Me propongo verdades sencillas para la gente sencilla: Por ello, me abstengo a propósito de toda especulación elevada y filosófica; de todo razonamiento intrincado y confuso; y, en la medida de lo posible, hasta de toda muestra de erudición, excepto cuando he tenido que citar las Sagradas Escrituras en las lenguas originales".[3] Wesley creía que el poder transformador del evangelio era para todas las personas; no solo para los ricos o privilegiados, sino para la gente común.

Predicación de campo

Como lo señaló Gladwell, el punto clave en un movimiento suele suceder cuando el mensaje comienza a propagarse de persona a persona al igual que un virus. Habiendo experimentado personalmente un nuevo sentido de despertar espiritual, muchos de los primeros metodistas comenzaron a compartir el evangelio con otras personas. Proclamaban el mensaje de salvación por medio de evangelismo personal y predicación al aire libre. Esto comenzó, en parte, debido a que el amigo de Oxford de los Wesley, George Whitefield, había comenzado a tener éxito con la predicación de campo en las colonias de Norteamérica y en Inglaterra. Whitefield pronto se convirtió en una especie de celebridad. Era un orador dotado y podía ser escuchado por miles de personas sin la ayuda de un micrófono. Benjamin Franklin fue uno de los admiradores de Whitefield. Una vez, cuando Whitefield estaba predicando en América del Norte, Franklin se abrió paso entre la multitud utilizando la distancia como base y, contando el número de personas dentro de un determinado segmento, calculó que alrededor de treinta mil personas en ese lugar podían escuchar a Whitefield.

Whitefield fue especialmente exitoso predicando a las masas en lugares públicos de toda Inglaterra, incluidos los mercados, las fábricas de ladrillos, las minas de carbón y los campos abiertos. En Kingswood, hasta veinte mil mineros de carbón salieron a escucharlo predicar. Whitefield describió su respuesta:

> Al no tener justicia propia a la que renunciar, se alegraron de oír hablar de un Jesús que era amigo de los publicanos, y que no vino a llamar a los justos, sino a los pecadores al arrepentimiento. El primer descubrimiento que hicieron al sentirse sobrecogidos fue ver los canales blancos hechos por sus

> lágrimas que caían abundantemente por sus mejillas negras, al salir de sus carboneras. Cientos y cientos de ellos pronto se vieron abrumados por profundas convicciones que, como lo demostró el evento, felizmente terminaron en una sólida y profunda conversión. El cambio fue visible para todos, aunque muchos prefirieron imputarlo a cualquier cosa, en lugar de al dedo de Dios.[4]

Wesley había estado predicando en varias parroquias, pero su nuevo mensaje de una "religión interior" no fue bien recibido por la Iglesia establecida de Inglaterra y los púlpitos pronto comenzaron a cerrarse para él. En abril de 1739, George Whitefield convenció a Wesley de que debería comenzar a predicar al aire libre en Bristol. Al principio, Wesley no estaba convencido y dijo: "hubiera pensado que el salvar almas era casi un pecado", y agregó, "si no se hacía en [un edificio de] la iglesia".[5] A regañadientes, mientras Whitefield insistía, Wesley accedió a intentar la predicación en el campo. Más tarde reflexionó sobre el evento en su diario: "decidí *ser más vil* y proclamé en los caminos las buenas nuevas de salvación a cerca de 3,000 personas".[6] Este evento marcó el comienzo de su ministerio evangelístico a las masas, ya que Wesley predicaba cada vez más al aire libre ante grandes multitudes. A partir de ese momento, Wesley comenzó a llevar el mensaje de Cristo a todas las personas con las que entraba en contacto, impulsado por un nuevo celo evangelístico.

Unos años más tarde, después de que se le prohibiera predicar en la iglesia de su difunto padre en Epworth, Wesley predicó un sermón sobre la tumba de su padre con gran éxito. Al comentar sobre esto, señaló: "Estoy seguro de que les hice mucho más bien predicando tres días sobre la tumba de mi padre que predicando tres años en su púlpito".[7] La aceptación por parte de Wesley de la predicación al aire libre fue un avance clave, que permitió que el mensaje se difundiera más amplia y rápidamente de lo que cualquiera podría haber anticipado, y marcó una ruptura radical con la práctica tradicional. Hasta ese momento de la historia de la Iglesia de Inglaterra, el clero anglicano rara vez, o nunca, predicaba fuera de las cuatro paredes de un edificio de la iglesia.

Sin embargo, en lugar de obstaculizar el ministerio de Wesley, la predicación al aire libre permitió que el mensaje fuera escuchado por miles de personas ordinarias, muchas de las cuales eran pobres y no habrían sido bien recibidas en las iglesias establecidas. Wesley llevó el mensaje de salvación por todos los caminos y vallados, y la gente respondió en multitudes que se contaban por miles. En cada sermón, Wesley enfatizaba el sencillo mensaje de salvación, pidiendo una respuesta de aquellos que escuchaban. "¿Cuál es el mejor método general de predicación?" preguntó una vez. "Invitar; convencer; ofrecer a Cristo; edificar; y hacerlo en alguna medida en cada sermón".[8]

A medida que las multitudes seguían creciendo, otras personas también comenzaron a predicar al aire libre, y Wesley tuvo que desarrollar algunas pautas para capacitar a otros aspirantes a predicadores. En 1747, Wesley esbozó las siguientes reglas para que las siguieran sus compañeros predicadores metodistas:

> Asegúrense de comenzar y concluir precisamente a la misma hora señalada.
> No canten himnos de su propia autoría.
> Procuren ser serios, ponderados y solemnes en todo su comportamiento ante la congregación.
> Elijan el texto más sencillo que puedan.
> Tengan cuidado de no divagar en su texto, sino cíñanse a él y entiendan lo que emprenden.
> Adapten siempre el tema a la audiencia.
> Cuidado con alegorizar o espiritualizar demasiado.

Eviten cualquier cosa que resulte incómoda o molesta, ya sea en sus gestos o en su pronunciación.
Díganse mutuamente si observan alguna de estas cosas.[9]

Estas pautas ayudan a comprender la visión de Wesley sobre la necesidad de una predicación clara y concisa, que hizo que el movimiento metodista primitivo fuera tan efectivo entre la gente común. El mensaje metodista traía renovación y esa renovación se extendía entre la gente a través del método de la predicación al aire libre, pero el movimiento era demasiado grande para una sola persona. Se necesitaban otros para difundir el mensaje, lo que condujo a la siguiente fase de crecimiento del movimiento: el equipamiento de predicadores laicos. Era claro que un nuevo movimiento estaba en marcha. ¿Cómo lograría Wesley la monumental tarea de alcanzar la nación? La respuesta a esa pregunta fue la capacitación de la gente común y corriente para compartir ese mensaje. Quizás el factor que más contribuyó a la propagación contagiosa del metodismo primitivo fue el cambio de vida de quienes escucharon el mensaje. El poder del evangelio cambió la vida de hombres y mujeres trabajadores ordinarios que, a su vez, se entregaron a promover este "cristianismo bíblico" por todo el país, haciendo la obra que tradicionalmente se dejaba a los sacerdotes ordenados: la obra de evangelismo y predicación.

Citando una antigua canción infantil inglesa, estos eran los "carniceros, panaderos y candeleros". Wesley comenzó a capacitar a hombres y mujeres no ordenados ni educados en el seminario para que fueran sus asistentes laicos. Les enseñó a enseñar a otros, a evangelizar y a predicar. Howard Snyder escribe que estos líderes laicos funcionaban como una orden casi monástica: "la itinerancia fue *de hecho* una orden –una orden de predicación que, si no era célibe, ciertamente sabía sobre la pobreza y la obediencia".[10] Los líderes estaban bajo la supervisión de Wesley y él les dio reglas estrictas, esperando que predicaran, estudiaran, viajaran y se reunieran con grupos pequeños de personas, además de hacer ejercicio diario y comer con moderación.

En 1746, Wesley estableció un conjunto de pautas para evaluar a aquellos que querían convertirse en predicadores:

P. *¿Cómo examinaremos a los que creen que son movidos por el Espíritu Santo y llamados a predicar?*
R. Pregunte:

1. ¿Sabe en quién ha creído? ¿Tiene el amor de Dios en su corazón? ¿Desea buscar únicamente a Dios? ¿Es santo en toda su forma de conversación?
2. ¿Cree tener los dones y la gracia para la tarea? ¿Tiene, en un grado aceptable, un entendimiento claro y firme? ¿Tiene un juicio correcto en cuanto a las cosas de Dios? ¿Posee una concepción justa de la salvación por la fe? ¿Le ha dado Dios la facilidad de poder expresarse de manera fácil, clara y justa?
3. ¿Ha tenido éxito? ¿O sólo habla así (cuando se le prueba) para impresionar y convencer a los oyentes? ¿Alguien ha recibido la remisión de pecados y un sentido claro y permanente del amor de Dios? Siempre que estas tres marcas concurran indiscutiblemente en alguno de ustedes, permitiremos que Dios le llame a predicar. Estas cualidades las recibimos como suficiente prueba razonable de que son movidos por el Espíritu Santo.[11]

La mayoría del clero anglicano ordenado se oponía a estas prácticas no tradicionales. Como señala Gerald R. Gragg: "Wesley fue ridiculizado y maltratado porque el siglo dieciocho no estaba preparado para tolerar, y menos aún para acoger, un avivamiento evangélico ardiente".[12] Un crítico, Augustus Toplady, acusó a Wesley de "prostituir la función ministerial a los artesanos más bajos y analfabetos, personas de casi cualquier clase".[13] Wesley se defendió de sus críticos, replicando con cierto sarcasmo: "¿No es preferible un predicador laico a un predicador borracho, a un predicador que maldice y blasfema?"[14] Dijo esto porque, lamentablemente, a veces era cierto en el caso del clero ordenado en la Iglesia de Inglaterra en esa época.

El éxito no suele ser fácil y a menudo invita a la oposición e incluso a la persecución. A medida que el movimiento comenzó a crecer, Wesley y sus predicadores encontraron una gran oposición. En algunas ciudades, las turbas trataron enérgicamente de impedir que los metodistas hablaran y difundieran el mensaje de santidad bíblica. Sin embargo, una y otra vez, la vida de Wesley se salvó gracias a la intervención divina. Hay numerosas historias de ocasiones en las que parecía que las multitudes podrían quitarle la vida a Wesley, pero por algún extraño suceso se salvaba de todo daño. El 19 de marzo de 1742, Wesley escribió en su diario acerca de una ocasión en que los perseguidores intentaron interrumpir su reunión enviando un toro para perturbar su predicación.[15]

A pesar de la persecución, la oposición y las dificultades, los predicadores metodistas tuvieron un gran éxito ganando conversos en las Islas Británicas y Norteamérica. Ardían de celo misionero al compartir la verdad del evangelio con convicción y al obedecer el llamado del maestro de "ir por todo el mundo y predicar el evangelio a toda criatura" (Marcos 16:15). Wesley desafió a sus predicadores a concentrarse en salvar almas y enfatizar la santidad:

> Su ocupación no es predicar tantas veces y ocuparse de esta o aquella sociedad; sino salvar tantas almas como puedan;

conducir al arrepentimiento a tantos pecadores como puedan y, con toda su capacidad, edificarlos en esa santidad sin la cual no pueden ver al Señor.[16]

El llamado a difundir el cristianismo bíblico resonó claramente y persistió entre las generaciones de metodistas, dándoles un sentido de urgencia por ganar a los perdidos. El metodismo primitivo se difundió mediante una estrategia simple: predicar el mensaje de salvación a la gente común dondequiera que fueran. Al partir para participar en la obra misionera en América, Thomas Coke le preguntó a Juan Wesley qué mensaje debía proclamar. La respuesta de Wesley: "Ofréceles a Cristo". Más tarde lo explicaría al enfatizar la importancia de acudir a los más necesitados: "No tienes otra cosa que hacer sino salvar almas. Por tanto, entrégate completamente a esta labor. Y ve no solo a los que te necesitan, sino a aquellos que más te necesitan".[17]

PERFIL

El movimiento misionero moravo

Otro movimiento contagioso que influyó en el avivamiento wesleyano fue el Movimiento Misionero Moravo. Uno de los movimientos misioneros más grandes de todos los tiempos, comenzó con el joven gobernante rico que dijo "sí". El conde Ludwig von Zinzendorf nació en una de las familias nobles más antiguas de Austria. Un día memorable, un refugiado moravo llegó a su puerta en Dresde. El hombre se llamaba

Christian David. Había oído que Zinzendorf abriría su hogar a los refugiados moravos oprimidos. Zinzendorf accedió a la solicitud y un grupo de diez moravos llegó en diciembre de 1722. Su mansión se hizo conocida como "Herrnhut", que significa "la vigilia del Señor" o "en vigilia por el Señor". Esto era solo el principio. En mayo de 1725, noventa moravos se habían asentado en Herrnhut. A fines de 1726, la población había aumentado a trescientos.

1727 fue un año importante, ya que marcó un punto de inflexión espiritual en la comunidad morava, cuando comenzó a extenderse entre ellos un espíritu de oración. Hicieron un pacto de reunirse con frecuencia para derramar sus corazones en oración e himnos. El 5 de agosto, el conde pasó toda la noche en oración con unas doce o catorce personas, después de una gran reunión de oración a medianoche. Luego, unos días después, el 13 de agosto de 1727, los moravos experimentaron un poderoso "Pentecostés" durante un servicio de comunión cuando el Espíritu descendió sobre Zinzendorf y la comunidad. Esta experiencia cambió radicalmente la comunidad y encendió una llama de oración y misiones que ardería durante las siguientes décadas. Al recordar ese día, Zinzendorf dijo más tarde: "Todo el lugar representaba realmente un tabernáculo visible de Dios entre los hombres".[18]

Esto marcó el comienzo del compromiso de los moravos con una "vigilia de oración" ininterrumpida durante más de cien años. El 26 de agosto de 1727, veinticuatro hombres y veinticuatro mujeres se comprometieron a seguir orando en intervalos de una hora cada uno, de día y de noche, asignando cada hora por sorteo a diferentes personas. Otros se unieron a ellos y el número aumentó a setenta y siete. Todos acataban cuidadosamente la hora que les había sido señalada y tenían una reunión semanal en la que se les daban las necesidades de oración.

En poco tiempo, Herrnhut se convirtió en una plataforma de lanzamiento misionero que enviaría misioneros por todo el mundo. Organizaron pequeños grupos de personas que se reunían para orar y estudiar la Biblia y que viajaban por toda Europa, compartiendo el evangelio con todos los que encontraban, especialmente con los marginados de la sociedad. De ahí surgió una red de grupos pequeños que con el tiempo se conoció como la "diáspora". Bajo el liderazgo de Zinzendorf, los misioneros moravos salieron a todo el mundo de una forma sin precedentes.

Cuando Zinzendorf murió en 1760, después de veintiocho años de misión transcultural, los moravos habían enviado 226 misioneros y entrado en diez países diferentes. Se habían establecido estaciones misioneras en el St. Thomas danés, en las Indias Occidentales (1732); Groenlandia (1733); Georgia, en Norteamérica (1734); Laponia (1735); Surinam o Guyana Holandesa, en la costa norte de Sudamérica (1735); Ciudad del Cabo, Sudáfrica (1737); Elmina, la sede holandesa en la Costa de Oro (1737); Demarara, ahora conocida como Guyana, Sudamérica (1738); Jamaica (1754), y Antigua (1756).

La pasión morava por la misión se basó en una cosa, y solo en una cosa. Zinzendorf dijo: "Tengo una sola pasión: es él y solo él. El mundo es el campo, y el campo es el mundo; y de ahora en adelante, ese campo, donde pueda ser más usado para ganar almas para Cristo, será mi hogar".[19] Con los años, su pasión por Jesús creció, al igual que su pasión por los perdidos. Estaba decidido a evangelizar el mundo levantando y enviando misioneros moravos que estuvieran equipados únicamente con un amor sencillo por Jesús y el espíritu de oración.

Uniendo el evangelismo y el discipulado

Hemos establecido que el movimiento metodista se propagó con un mensaje sencillo pero poderoso, utilizando nuevos métodos y equipando a predicadores laicos para multiplicarse exponencialmente. Pero la historia está llena de movimientos que crecieron rápidamente, solo para colapsar con la misma rapidez. Lo que se necesita para que un movimiento persista es un factor de "gancho", algo que incruste el mensaje en los corazones y las mentes de una manera que sustente la multiplicación y el crecimiento. Al utilizar la palabra "gancho", me refiero a la conexión entre las ideas y la realidad, el movimiento de la teoría a la práctica. El avivamiento wesleyano fue, sobre todo, práctico y enfocado en "verdades sencillas para la gente sencilla". Quizás eso es lo que más me gusta de Wesley y su movimiento: estaba basado en la realidad.

¿Qué fue lo que hizo que el movimiento metodista tuviera un "gancho"? Muchas personas creen que el éxito duradero del creciente movimiento se debió al énfasis que Wesley puso *tanto* en la evangelización *como* en el discipulado. Lamentablemente, estas actividades no siempre están conectadas. Incluso hoy en día, algunas iglesias se enfocan en el evangelismo a expensas del discipulado, buscando ganar convertidos en lugar de hacer discípulos. Pero Wesley entendió lo que muchos están recuperando nuevamente hoy: la meta del evangelismo es hacer discípulos. Jesús fue claro en la Gran Comisión en Mateo 28 que la iglesia existe para hacer discípulos que sigan a Cristo, en lugar de simplemente ganar convertidos o aumentar el número. Cuando Jesús dijo "haced discípulos", los discípulos entendieron que esto era algo más que simplemente lograr que alguien creyera hechos o declaraciones acerca de Jesús. Sabían que hacer discípulos significaba reproducir en los demás lo que Jesús había producido en ellos. Robert Coleman explica útilmente la Gran Comisión de esta manera:

> … la gran comisión no es simplemente ir hasta los confines de la tierra predicando el evangelio (Mar. 16:15), ni bautizar a muchos convertidos en el nombre del Dios Trino, ni enseñarles los preceptos de Cristo, sino "hacer discípulos": preparar a hombres como ellos, que se sintieran tan constreñidos por la comisión de Cristo que no sólo siguieran, sino guiaran a otros para que siguieran el camino.[20]

Una de las marcas duraderas del movimiento wesleyano es la recuperación del enfoque de la gran comisión *tanto* en el evangelismo *como* en el discipulado. Aunque George Whitefield fue un predicador magistral que llevó a miles de personas a arrepentirse y a poner su fe en Cristo, no tuvo la perspicacia ni el genio de liderazgo para colocar a los nuevos convertidos en grupos pequeños estructurados para que se nutrieran y desarrollaran. Hacia el final de su vida, Whitefield lamentó este hecho, diciendo: "Mi hermano Wesley actuó muy sabiamente … las almas que fueron despertadas bajo su ministerio las unió en clases y así preservó los frutos de su trabajo. Esto lo descuidé yo y mi pueblo es una cuerda de arena".[21]

Wesley, por otro lado, vio la necesidad de un discipulado más profundo y trató de proporcionar compañerismo y rendición de cuentas a los que se convertían como parte del movimiento metodista. Lo aprendió de su propia experiencia en el "Club Santo" de Oxford. A todas las personas que tenían "el deseo de huir de la ira venidera y de ser salvos de sus pecados" se les invitaba a unirse a estos grupos de discipulado.[22] Para Wesley, la fe cristiana era una religión social, lo que significa que la comunidad era vital, y convertirla en una religión solitaria la destruiría. Entonces, mientras George Whitefield tendía a enfocar sus esfuerzos exclusivamente en el evangelismo, Wesley vio que el evangelismo por sí solo no era suficiente para sostener un movimiento duradero. Se dio cuenta de que el discipulado y el evangelismo son dos caras de la misma moneda; no se pueden separar. El evangelismo es el comienzo del peregrinaje y el discipulado es el proceso continuo de crecimiento espiritual.

Con el fin de liberar el poder de esta dinámica de movimiento hoy en día, la iglesia debe recuperar este énfasis en un proceso integrador que comienza con el evangelismo y continúa con una seria formación de discípulos. La gran comisión no se limita a llevar a las personas a tomar una decisión. Si queremos ver un movimiento de multiplicación hoy, debemos aprender del pasado. El avivamiento wesleyano buscaba no sólo hacer convertidos, sino hacer discípulos radicales de Cristo creando sistemas de discipulado.

Misión holística

Por último, el evangelismo y el discipulado son incompletos si no se dirigen a la persona completa con el evangelio completo. El avivamiento wesleyano trató de transformar toda la sociedad y especialmente la vida de los pobres. Para ello, se ocuparon tanto del cuerpo como del alma de las personas. Si bien Wesley valoraba la "religión interior", no se preocupaba sólo por el alma de una persona, sino que buscaba ministrar a la persona completa con el evangelio completo. Esto significa que las buenas nuevas del evangelio son holísticas en el sentido de que llevan las buenas nuevas al cuerpo, la mente y el alma de una persona en su totalidad. A Wesley y a su hermano Carlos les movía la compasión por las clases más bajas de la sociedad y por los que estaban privados de derechos. Era habitual que Wesley y sus predicadores no sólo ministraran a los pobres, sino que también cenaran regularmente con ellos. Wesley una vez dijo: "Porque yo mismo, como también los otros predicadores que están en la ciudad, participamos de la misma dieta de los pobres, comiendo la misma comida a la misma mesa. Y en esto nos gozamos como una señal del compartir el pan en el reino de nuestro Padre".[23]

Wesley no temía asociarse con personas que defendían causas de derechos humanos, como la lucha contra la esclavitud, el apoyo a derechos adicionales para mujeres y niños, y el establecimiento de mejores leyes laborales. Wesley escribió una carta a William Wilberforce, quien luchó incansablemente contra la esclavitud en Inglaterra, en la que dijo: "¡Oh, no se canse de hacer el bien! Continúe, en el nombre de Dios y en el poder de su fuerza, hasta que la esclavitud americana (la más vil que se ha visto bajo el sol) desaparezca ante ese poder".[24] Wesley apoyó activamente varias causas sociales reformistas y creía que los metodistas fueron llamados a ser un medio para "hacer el bien" a los demás. Instó a sus seguidores a participar activamente en la satisfacción de las necesidades de quienes los rodean:

> … practicando el bien, siendo misericordiosos en todo en la medida de su capacidad, y haciendo el bien a todos de la manera más amplia según tengan oportunidad: respecto a sus

> cuerpos, según la habilidad que Dios les dé, alimentando a los hambrientos, vistiendo a los desnudos, visitando y ayudando a los enfermos y a los presos; y tocante a sus almas, instruyéndoles, reprendiéndoles y exhortándoles a cumplir con sus responsabilidades ...[25]

Juan Wesley practicaba lo que predicaba. Aunque ganó mil cuatrocientas libras en un año con las ventas de sus libros, solo se quedó con treinta libras para él. Dio gran parte de su dinero a los pobres y a otras causas valiosas, y una vez comentó: "Si dejo diez libras tras mí, usted y toda la humanidad atestiguarán contra mí de que viví y morí como ladrón y salteador".[26] El hecho de que Wesley se negara a sí mismo y a su propiedad por el bien de los menos afortunados, es una reminiscencia de la cultura y la práctica de la iglesia primitiva, aunque lamentablemente sigue siendo poco común en muchas iglesias norteamericanas y europeas en la actualidad.

Wesley sentía que la iglesia tenía la obligación de cuidar por toda la sociedad, pero especialmente por aquellas personas no podían cuidarse a sí mismas y enseñó que los creyentes tienen una responsabilidad social con el mundo:

> "Santos solitarios" es una frase tan inconsistente con los evangelios como "adúlteros santos". El evangelio de Cristo no conoce otra clase de religión sino una religión social; no otra santidad sino social. "La fe que trabaja por el amor" es la anchura, la longitud, la profundidad y la altura de la perfección cristiana.[27]

La iglesia debe ser el cuerpo de Cristo por el bien del mundo y ofrecer una comunidad para aquellos dentro del mundo, especialmente para aquellos que son menos afortunados. Esta es una consecuencia natural de la fe y el discipulado.

Conclusión

En su libro *Finding Faith Today: How Does It Happen?*, John Finney advierte que la mayoría de las personas en nuestra cultura occidental experimentan su fe principalmente por medio de relaciones. Las personas encuentran el evangelio –escuchando el mensaje, aprendiendo los hábitos y prácticas de la comunidad, y creciendo en la fe— por medio de su relación con otros creyentes. Llegar a ser un cristiano maduro es un proceso que lleva tiempo, y no ocurre en aislamiento.[28] Finney sostiene que las personas llegan a la fe gradualmente, a menudo comenzando con relaciones significativas con creyentes cristianos, en lugar de una decisión repentina.[29] Típicamente, una persona es presentada a la comunidad de fe a través de un miembro de su familia, de una amistad con un cristiano o del contacto con un ministro en el mercado. Después de que se establece una relación, estas personas comienzan a hacer preguntas y se les invita a explorar y llegar a un conocimiento y práctica de la fe a través de un grupo pequeño comunitario. Con el tiempo descubren que han llegado a acoger la fe a través de estas relaciones, y finalmente toman la decisión de recibir a Cristo a través del bautismo.[30]

Este énfasis en el crecimiento de la fe en comunidad es una marca clave del camino wesleyano. Si bien Wesley siempre estaba dispuesto a invitar a las personas a tomar una decisión por Cristo, seguía esa invitación con una segunda, la de crecer en comunidad con otros creyentes. Una vez más, creo que esto debe recuperarse si esperamos ver un movimiento fresco del cristianismo en Occidente. He visto de primera mano cómo la fe cristiana es contagiosa y puede llegar a las personas que no asisten a la iglesia por medio de relaciones.

Un hombre llamado Adam fue la primera persona que llegó a la fe en nuestra nueva iglesia. Era un joven maestro de escuela que no creció yendo a la iglesia y las pocas veces que asistió a una iglesia, estuvo expuesto a una mala política eclesiástica. Llegó a creer que la mayoría de los cristianos son hipócritas. Adam nunca estuvo expuesto al cristianismo como una relación con Jesús y su experiencia en la comunidad le llevó al deseo de no tener nada que ver con la iglesia.

Conocí a Adam una noche en un partido de béisbol. Comenzamos a desarrollar una relación y pasé varios meses reuniéndome con él. Un día, él y su esposa se presentaron en un servicio de Navidad. Esa mañana estaba predicando un sermón llamado "De la Cuna a la Cruz" sobre el significado del nacimiento de Jesús, y al final invité a todos a responder al mensaje acogiendo a Jesús en sus corazones y vidas. Adam respondió, entregando su corazón a Jesucristo y su vida cambió para siempre.

Sin embargo, ese no es el final de la historia. Si bien ese acontecimiento fue importante, la verdadera historia de la fe de Adam se encuentra en las innumerables horas de discipulado uno a uno que comenzaron antes de ese momento y que continuaron mucho después de que llegara a la fe. Muy poco de ese discipulado tuvo lugar en un edificio de la iglesia. Pasamos tiempo juntos en cafeterías, en la playa haciendo surf y disfrutando de la cena con nuestras familias. Este discipulado uno a uno se convirtió en una base firme para Adam y en el transcurso de los siguientes cinco años, toda la familia de Adam llegó a la fe, ¡incluyendo a su madre, su padre y su hermana! Años después, él y su familia siguen caminando con Jesús, y son líderes importantes en nuestra iglesia y en la comunidad local.

Para que un movimiento de multiplicación sostenga un crecimiento como este, debe tener un factor de gancho, y esto significa un enfoque renovado en mantener comprometidos a los que alcanzamos con el evangelio a través del discipulado intencional y relacional. En el siguiente capítulo, enfocaremos nuestra atención en el fervor espiritual del movimiento metodista y la manera en que fue resultado de la persona y obra del Espíritu Santo en las vidas de los primeros metodistas.

CAPÍTULO 4

EL ESPÍRITU SANTO

Oren diariamente por un gran derramamiento del Espíritu en la iglesia y en el mundo. Esta es la gran necesidad de hoy: es lo que necesitamos mucho más que dinero, estructura y personas.

J. C. RYLE

¿Ha estado usted alguna vez en un concierto o evento deportivo y y se dejó llevar por la emotividad de la multitud? Hace poco estuve comiendo en un lugar del norte de Inglaterra con unos amigos después de predicar un domingo por la mañana en una iglesia local. Mientras comíamos y hablábamos sobre la vida y el ministerio, noté algo extraño que sucedía en intervalos de pocos minutos. El nivel de ruido normal de repente aumentaba varios decibeles, estallando en aplausos y gritos. Pensé: *¿Qué puede estar pasando?* Rápidamente me di cuenta de que había un partido de fútbol en la televisión, ¡y toda la emoción se debía a que Inglaterra estaba ganando en la eliminatoria!

Los movimientos de avivamiento suelen estar marcados con una energía distinta e inconfundible, una pasión contagiosa. La mayoría de los movimientos cristianos mundiales en crecimiento tienen una espiritualidad robusta y experiencial que está profundamente llena del Espíritu y de oración. Tal fue el caso del metodismo primitivo. El movimiento metodista se caracterizó por una ferviente espiritualidad, resultado de un fuerte énfasis en la persona y obra del Espíritu Santo en la vida cotidiana de las personas.[1] En este capítulo examinaremos la recuperación que hizo el movimiento metodista de la experiencia cristiana y la presencia empoderadora del Espíritu Santo en la vida ordinaria.

Entusiastas razonables

Juan Wesley y los primeros metodistas cultivaron una espiritualidad ferviente que enfatizaba un balance entre razón y experiencia. Los críticos se referían a Wesley y a los metodistas como "entusiastas razonables" debido a este doble énfasis.[2] La palabra *entusiasmo* se deriva del griego "en-theos" que significa "el Dios interior". Implicaba una especie de "posesión por un espíritu divino". En el siglo XVIII, el entusiasmo se consideraba a menudo como algo parecido a la posesión de espíritus malignos o una forma de histeria. Aunque sus críticos pretendieron que la etiqueta fuera despectiva, al recuperar el entusiasmo, Wesley y los metodistas buscaban recuperar algo bueno que se había perdido u olvidado en la práctica de la fe cristiana. Como nos lo recuerda Paul Chilcote: "Los Wesley redescubrieron esta importante ley espiritual: la iglesia necesita discípulos entusiasmados. 'Entusiasmado' significa literalmente estar apropiadamente lleno de Dios".[3] Wesley creía que necesitábamos una forma de espiritualidad "entusiasmada" en el sentido más estricto de la palabra: una fe llena del Espíritu.

En los días de Wesley, gran parte del cristianismo era frío y estéril, alejado de las emociones y carente de expresión exterior. El clero anglicano solía denunciar la experiencia religiosa y las emociones, y pronunciarse en favor de la razón científica, y Juan Wesley reconoció la necesidad de reapropiarse de la experiencia cristiana. Hablando del papel de la experiencia en el cristianismo, dijo: "… esta gran verdad evangélica ha sido recobrada, después de que por muchos años había estado perdida y olvidada".[4] La experiencia era una joya perdida que Wesley redescubrió y colocó de nuevo en la corona del cristianismo.

¿A qué se refería Wesley cuando hablaba de experiencia? La experiencia cristiana es un encuentro personal, de primera mano, con el Dios vivo que nos da el "testimonio" del Espíritu, que Wesley describió de esta manera: "el testimonio del Espíritu es una impresión interna en el alma, por medio de la cual el Espíritu de Dios directamente da testimonio a mi espíritu de que soy un hijo de Dios".[5] Esta "impresión" interna en el alma incluye nuestros sentimientos y emociones, pero es mucho más que esto. Se trata de un complejo sinergismo en el que intervienen tanto los sentimientos como la intuición, y que se produce por obra del Espíritu Santo. En "Carta a un católico romano", Wesley escribió:

> Creo que el infinito y eterno Espíritu de Dios, igual que el Padre y el Hijo, no sólo tiene perfecta santidad en sí mismo, sino que es quien obra toda santidad en nosotros: ilumina nuestra mente; corrige nuestros deseos y sentimientos y renueva nuestra naturaleza; une nuestra persona a la de Cristo, asegurando así nuestra adopción como hijos; guía nuestras

acciones, y purifica y santifica nuestras almas y cuerpos para que nuestro gozo en Dios sea completo y eterno.[6]

El Espíritu da testimonio a nuestro espíritu de que somos hijos de Dios (Romanos 8:16). Wesley utilizó este texto de las Escrituras para explicar la obra que el Espíritu hace en sus hijos, argumentando que el Espíritu que inspiró las Escrituras también obra continuamente para confirmar las verdades experimentales que se encuentran en el texto. De hecho, Wesley creía que este testimonio interior del Espíritu confirmaba lo que las Escrituras enseñaban. Dijo: "Lo que promete la Escritura, lo disfruto. Vengan y vean lo que el cristianismo ha hecho aquí; y reconozcan que es de Dios".[7]

La autoridad de la Palabra y del Espíritu

Aunque los primeros metodistas fueron acusados de ser entusiastas, su entusiasmo era algo más que un exceso emocional; combinaba el involucramiento emocional con la razón y estaba anclado en un firme compromiso con la autoridad de la Palabra y del Espíritu. Howard Snyder señala la importancia de esta combinación: "La estructura de renovación mantiene un énfasis en el Espíritu y la Palabra como el fundamento de autoridad ... si se gira a la derecha o a la izquierda en este punto, o se convertirá en una secta altamente legalista, o en un culto entusiasta propenso a creencias extremas o herejes. En el caso del metodismo, Wesley pudo mantener el balance que evitó ambos extremos".[8] El metodismo trató de mantener un sano equilibrio entre la Palabra y el Espíritu, lo que contribuyó a la profundidad espiritual y a la longevidad del movimiento.

Se alentaba a los metodistas a sumergirse en las Escrituras diariamente y a examinar sus vidas de acuerdo con la Biblia.

Wesley sabía que escudriñar regularmente las Escrituras era necesario para que un cristiano siguiera creciendo en la fe. Estaba convencido de que las personas se encuentran con Dios a través de la experiencia al leer, escuchar y meditar en la Biblia. Cuanto más aprendemos acerca de Dios y su Palabra, más podemos conocerlo personalmente. Aunque escribió estas palabras casi dos siglos después, el autor y pastor A. W. Tozer resume bien esta creencia wesleyana: "Leer y enseñar la Biblia no es un fin en sí mismo, sino el medio para que lleguemos a conocer a Dios, y que podamos deleitarnos con su presencia y gustemos cuan dulce y grato es sentirle en el corazón".[9]

La Biblia no es un libro de preguntas y respuestas, sino un recurso a través del cual podemos aprender sobre el plan y el propósito de Dios para nuestras vidas. Dado que la Biblia proporciona este fundamento para nuestra fe, termina abordando muchas de las preguntas más difíciles de la vida. Wesley puso un gran énfasis en la importancia de la lectura de la Biblia y apelaba repetidamente a las Sagradas Escrituras como su autoridad doctrinal. Wesley creía que la "Palabra de Dios escrita es la única y suficiente norma para la fe y la práctica cristianas".[10] En esto, seguía el camino forjado por los reformadores, quienes enseñaron y modelaron un compromiso con lo que llamaban *sola Scriptura,* la creencia de que la Biblia es la autoridad final y normativa en todos los asuntos que trata. La pasión de Wesley por las Escrituras se escucha mejor en sus propias palabras apasionadas: "¡Dadme ese libro! ¡A cualquier precio, dame el Libro de Dios! Lo tengo. Me basta con el conocimiento que hay en él. Quiero ser *homo unius libri* [hombre de un libro]".[11] Al decir esto, Wesley no quiso decir que otros libros no fueran de valor para la vida cristiana, porque él era un ávido lector. Incluso compiló una *Biblioteca Cristiana* de cincuenta volúmenes para que su gente la leyera y estudiara.[12] Pero Wesley entendió que la Biblia era única entre todos los demás escritos, el único registro verdadero y autorizado de la revelación de Dios para nosotros.

Wesley creía que el Espíritu Santo había inspirado las Escrituras y que el Espíritu Santo es quien nos da entendimiento de las Escrituras. Dijo: "El Espíritu de Dios no sólo inspiró a quienes escribieron los textos, sino que continúa inspirando constantemente, asistiendo de manera sobrenatural a quienes acompañan la lectura con ferviente oración".[13] Wesley creía que Dios nos habla e inspira nuestra comprensión de la Biblia por medio de la obra interna del Espíritu, algo que se conoce como la *inspiración dual*. El Espíritu Santo *inspiró* a los antiguos escritores de las Escrituras e *inspira* a los lectores contemporáneos de hoy para que puedan comprender la Palabra de Dios. Esto significa que existe una necesidad clara y continua, incluso ahora, de la presencia permanente del Espíritu Santo a medida que nos dedicamos a la reflexión teológica y buscamos la comprensión de las Escrituras. Sin la asistencia del Espíritu Santo, nuestra lectura de la Biblia será en vano.

Los cristianos siempre han enfatizado la importancia de las Escrituras, creyendo que existe una relación única entre el Espíritu Santo y la Palabra viva de Dios. Desafortunadamente, algunos grupos cristianos han puesto erróneamente un mayor énfasis en uno de estos a expensas del otro. Wesley trató de modelar la integración de ambos, creyendo que el equilibrio dialéctico de Espíritu-Palabra era necesario, y que la oración es el medio principal que pone a las personas en contacto con el Espíritu que inspiró los textos originales. La oración nos permite escuchar lo que el Espíritu del Señor dice a través de la Palabra de Dios.

Recuerdo la primera vez que sentí que Dios me hablaba a través de su Palabra escrita. Era un nuevo cristiano que leía la Biblia, pero no tenía ni idea de lo que estaba haciendo. Una noche, estaba sentado en mi cama, leyendo el libro de los Salmos, y cuando leí el Salmo 51, las palabras en la página cobraron vida. ¿Cómo? Las palabras del salmo, aunque escritas hace miles de años, comenzaron a hablarme sobre la situación que estaba enfrentando en ese momento. La oración de David se convirtió en mi oración. Las palabras del salmista en el versículo 10, "Dios mío, ¡crea en mí un corazón limpio! ¡Renueva en mí un espíritu de rectitud!" (RVC), me tocaron profundamente, y sentí que Dios comenzaba a derretir mi corazón frío y obstinado. Desde aquella noche, he seguido practicando la disciplina de leer la Biblia con regularidad. Al igual que Wesley, quiero animarle a usted a leer la Palabra de Dios por sí mismo y pedirle al Señor que le hable desde sus páginas.

El empoderamiento del Espíritu Santo

Además de un énfasis en la lectura de la Palabra autoritativa de Dios, el movimiento metodista se caracterizó por la presencia empoderadora del Espíritu Santo obrando en las vidas de hombres y mujeres. Wesley creía que el avivamiento que estaba viendo era una obra especial del Espíritu Santo para ese tiempo y lugar. Escribió: "Está muy claro para mí que toda esta obra de Dios llamada 'metodista' es una dispensación extraordinaria de su providencia".[14] Para Wesley, el Espíritu no era un concepto abstracto, sino una realidad viva, una persona que había que conocer y experimentar. Wesley creía que estar llenos del Espíritu era la marca que definía el "cristianismo bíblico" y en un sermón del mismo título, que predicó en Santa María, Oxford el 24 de agosto de 1744, Wesley enfatizó claramente el papel del Espíritu Santo en la vida del cristiano. Escogió Hechos 4:31 como su texto: "Y todos fueron llenos del Espíritu Santo" (RVR). Dejó en claro que le preocupaba menos el asunto de los dones extraordinarios del

Espíritu (milagros, lenguas y sanidad, por ejemplo) y que quería centrarse en cambio en los frutos ordinarios que deben acompañar la vida de un verdadero cristiano. Dijo: "Si estos dones del Espíritu Santo han de permanecer en la Iglesia a través de las edades, y si serán devueltos o no al aproximarse los tiempos de la restauración de todas las cosas, son asuntos que no es necesario que decidamos … Fue, por lo tanto, para un fin más excelente que todos fueron llenos del Espíritu Santo".[15]

A medida que el avivamiento metodista se extendía por toda Inglaterra, la obra del Espíritu Santo se hacía evidente en la vida de miles de creyentes y Wesley se convencía cada vez más de que la presencia empoderadora del Espíritu era uno de las señales o evidencias clave del cristianismo bíblico. Este fue un cambio significativo en la forma en que muchos cristianos pensaban sobre estas cosas. Wesley estaba sugiriendo que el verdadero cristianismo *tiene* que ser evidenciado por señales externas de una vida cambiada o transformada, que no se trata simplemente de afirmar credos o realizar rituales. Este sermón provocó un pequeño escándalo en Oxford y debería recordarnos que el énfasis de Wesley en el "cristianismo espiritual" fue bastante revolucionario en aquella época.[16] Wesley afirmaba que ser cristiano era más (pero no menos) que la afirmación de una confesión o un credo; ser cristianos es estar marcados por una vida llena del Espíritu y por claras señales de piedad en carácter y relaciones.

Poco después de la experiencia de Wesley en Aldersgate, el movimiento metodista primitivo experimentó el Espíritu Santo de manera poderosa durante una reunión de oración. Junto con otros, Juan y Carlos Wesley ayudaron a establecer la Sociedad de Fetter Lane en mayo de 1738, con el propósito de discipular y rendir cuentas. Durante una reunión de oración que duró toda la noche, el Espíritu Santo se manifestó de manera poderosa. Juan Wesley registró el extraordinario encuentro en su diario:

> Los señores Hall, Hinching, Ingham, Whitefield, Hutching y mi hermano Carlos estuvieron presentes en nuestro festival del amor en Fetter Lane con unos 60 de nuestros hermanos. Como a las tres de la mañana, mientras continuábamos constantes en oración, el poder de Dios vino sobre nosotros tan poderosamente hasta el punto de que muchos dieron voces de gran gozo y muchos cayeron al suelo. Tan pronto como nos recuperamos un poco de aquella maravilla y asombro ante la presencia de Su majestad, estallamos a una voz: "A ti, oh Dios, te alabamos, a ti, Señor, te reconocemos".[17]

Esa reunión de la Sociedad de Fetter Lane marcó un punto de inflexión distintivo en el movimiento metodista primitivo y recuerda la descripción del día de Pentecostés en el libro de los Hechos, cuando el Espíritu Santo cayó sobre los que estaban reunidos en oración (Hechos 1:8). Con el tiempo, la reunión de oración en Fetter Lane pasaría a llamarse el "Pentecostés metodista". El teólogo Steve Seamands argumenta que Fetter Lane fue un momento catalizador para Wesley y los metodistas:

> Ese derramamiento del Espíritu Santo donde, como dice Wesley, "el poder de Dios vino sobre nosotros tan poderosamente", catapultó a Wesley hacia afuera. Hizo que él y los que estaban reunidos allí se volcaran hacia otras personas como nunca. Hasta entonces, Wesley había estado absorto principalmente en su propia búsqueda de la salvación personal. Aldersgate le dio la profunda certeza que necesitaba al respecto. Sin embargo, como resultado del derramamiento del Espíritu Santo en Fetter Lane, su enfoque cambió. Wesley fue empujado más allá de sí mismo para que la salvación de los demás, particularmente de los que están fuera de la iglesia, se convirtiera en su ardiente pasión.[18]

Este evento permite vislumbrar la ferviente espiritualidad del movimiento metodista primitivo, mostrando que se trataba de personas hambrientas de que Dios se moviera en sus vidas. No podemos explicar el crecimiento explosivo del avivamiento wesleyano si no comprendemos la importancia de la presencia empoderadora del Espíritu Santo en las vidas de las personas, y una de las señales externas de esto era un hambre ferviente de Dios, a menudo expresado en la oración.

Juan Wesley quería ver un avivamiento del "verdadero" cristianismo y esto incluía los dones extraordinarios o milagrosos del Espíritu Santo. Creía que los dones del Espíritu habían disminuido después de la época de Constantino, pero creía que nunca habían cesado por completo. Wesley estaba convencido de que los dones del Espíritu tenían la intención de permanecer en la iglesia a lo largo de los tiempos. Randy Maddox escribió: "Dado que Wesley creía que su movimiento metodista estaba recuperando la santidad de la Iglesia Primitiva, parece razonable sugerir que estaba abierto a una manifestación renovada incluso de los dones extraordinarios entre sus seguidores".[19] En una extensa carta a Conyers Middleton, Wesley sostuvo que los dones milagrosos del Espíritu entre los padres de la iglesia primitiva eran la confirmación de su ministerio e interpretación de las Escrituras. Wesley creía que la iglesia antigua tenía un "poder permanente" para realizar milagros que acompañaban y atestiguaban la verdad de su proclamación del evangelio.[20]

Hoy en día, hay hombres y mujeres piadosos que tienen diferentes puntos de vista con respecto a los dones milagrosos del Espíritu y la cuestión de si continúan operando o no en la actualidad. Los cesacionistas creen que los "dones de señales" (lenguas, profecía y sanidad) cesaron con el tiempo de los apóstoles, mientras que los cristianos carismáticos creen que todos los dones del Espíritu están en operación continua y que los creyentes poseen y practican estos dones espirituales.[21] Independientemente de cuál sea su posición en este tema, podemos estar de acuerdo en que debemos permanecer abiertos a la obra del Espíritu en nuestras vidas. No podemos negar que el papel y la obra del Espíritu Santo es dar dones a hombres y mujeres para lograr los planes y propósitos de Dios. Podemos discrepar sobre qué dones existen para nuestro tiempo, pero todos deberíamos estar de acuerdo en que el Espíritu continúa dando dones al pueblo de Dios para que los usen en su servicio.

Esto lleva a la pregunta clave para nosotros. ¿Estamos abiertos a la obra del Espíritu Santo en nuestras iglesias? ¿En nuestras propias vidas? Creo que debemos estar abiertos y con actitud de discernimiento. Me parece que este equilibrio no es fácil de mantener, que hay muchas personas que están abiertas al Espíritu y no tienen tanto discernimiento, o tienen discernimiento, pero no están abiertas y, en algunos casos, incluso se resisten a la obra del Espíritu. Quizás la razón por la cual el Espíritu Santo no hace más en nuestras iglesias hoy en día, es porque carecemos de la expectativa ferviente y el hambre que se hallaba entre los primeros metodistas. Me gustaría animarle a que hiciera una pausa y tomara unos minutos para reflexionar sobre su propia experiencia con la persona y la obra del Espíritu Santo. ¿Lo que ha leído en este capítulo es normal o anormal en la iglesia de hoy?

PERFIL

William Seymour y el surgimiento del pentecostalismo

El pentecostalismo es un movimiento moderno que se remonta a la Misión de la Calle Azusa en Los Ángeles,

California, en 1907. Comenzó con un humilde ministro negro llamado William Seymour que cayó bajo la influencia de las enseñanzas de santidad alrededor de 1900, mientras vivía en Cincinnati. En 1906, Seymour se mudó a Los Ángeles y eventualmente comenzó una reunión de oración en la casa de Richard y Ruth Asberry en el 214 de la Calle Bonnie Brae. Después de meses de oración y ayuno, Seymour y otras personas experimentaron la llenura del Espíritu Santo. La reunión de oración pronto sobrepasó la capacidad de la casa de los Asberry y se trasladaron a una antigua y abandonada Iglesia Episcopal Metodista Africana en la Calle Azusa. Limpiaron el edificio y comenzaron a celebrar servicios, y se produjo un avivamiento asombroso. Muchas personas acudían a las reuniones y eran influenciadas por la invitación a recibir el bautismo del Espíritu Santo. A medida que la noticia de lo que ocurría en Azusa comenzó a extenderse por los Estados Unidos, hombres y mujeres vinieron de todo el país para experimentar el bautismo del Espíritu Santo. Desde la Calle Azusa, el mensaje pentecostal se extendió por todo el mundo.

El movimiento pentecostal se ha convertido en el cuerpo de cristianos de más rápido crecimiento en el mundo, a un ritmo de 13 millones de nuevos creyentes al año, lo que equivale a unos 35 mil por día, y en total hay casi 500 millones de seguidores. Los creyentes pentecostales están presentes en casi todas las denominaciones y en todas partes del mundo, incluidas las iglesias católica y ortodoxa. Se estima que la Renovación Carismática Católica actualmente está presente en más de doscientos países y ha tocado la vida de más de 160 mil católicos en todo el mundo. La iglesia protestante más grande del mundo es una iglesia pentecostal en Corea llamada Iglesia del Evangelio Completo de Yoido, donde asisten más de 240,000 personas cada semana. La espiritualidad pentecostal está marcada por un énfasis en una relación personal con Jesucristo, el bautismo en el Espíritu Santo, la sanidad divina y los milagros, y el celo misionero.[22]

El Espíritu Santo y usted

A medida que nos acercamos al final de este capítulo y consideramos lo que podemos aprender del movimiento wesleyano para nuestras propias vidas, quiero comenzar con una pregunta personal: ¿Ha tenido usted un encuentro con la persona y obra del Espíritu Santo? Con esto me refiero a algo que es tan real como el sol que brilla en su cara, la brisa de verano que sopla en cabello o la arena en sus pies. Para algunos de ustedes, puede parecer una locura considerar la posibilidad de un encuentro con Dios. Pero Wesley nos recuerda que esta experiencia está disponible para nosotros. Ustedes y yo podemos experimentar la plenitud del Espíritu Santo.

Digo esto no como teólogo o pastor, sino como una persona común cuya vida ha sido profundamente tocada e impactada por la obra del Espíritu Santo. Como todos, he tenido mi cuota de luchas, dudas y temores. Cuando me hice creyente, era muy tosco. Necesitaba que el Señor me diera la fuerza y el poder para vencer mis deseos pecaminosos, para resistir mi viejo estilo de vida y las cosas que eran contrarias a mi nueva vida en Cristo. Necesitaba algo más que el conocimiento de la verdad, por muy importante que sea. Necesitaba experimentarlo por mí mismo de primera mano.

Entonces, una noche, sucedió. Tuve mi primer encuentro con

el Espíritu Santo mientras asistía a un retiro de jóvenes adultos en las hermosas montañas del este de Tennessee. Mientras oraba, tuve una sensación abrumadora de la presencia del Espíritu en mi vida. Literalmente podía sentir que el Espíritu Santo me llenaba desde la coronilla hasta la punta de los pies. Fue como una corriente eléctrica que me atravesó todo el cuerpo. Esta no fue solo una experiencia física, sino que también sentí que mi corazón y mi mente se renovaron. Salí de ese retiro cambiado, con un sentido renovado de que Dios estaba presente conmigo y que traería victoria a mi vida. Mi vida ha continuado cambiando desde aquella noche a medida que he crecido en Cristo y sigo buscando caminar en el Espíritu cada día.

Creo que el Espíritu Santo está disponible para que todos los cristianos lo experimenten hoy. El Espíritu quiere llevar a cada uno de nosotros a una relación más cercana e íntima con Cristo. No hace falta ser super espiritual para estar abierto a la influencia del Espíritu en su vida. Hay un deseo creciente entre los cristianos ordinarios de querer experimentar el Espíritu en su propia vida cotidiana. Hoy, debido a este deseo, se está produciendo una nueva renovación del Espíritu Santo en iglesias, denominaciones y redes de todo tipo en todo el país y en todo el mundo. A medida que lea las próximas páginas, lo invito a abrir su corazón y su mente para conocer más acerca de la persona y la obra del Espíritu.

El Espíritu Santo quiere usarle más de lo que usted se imagina. Pero aún mejor, Dios quiere que lo conozca, así como él le conoce a usted. Debemos aprender a entregarle nuestro corazón y nuestra vida. Para concluir, quiero compartir varias formas en las que puede estar abierto al Espíritu en su vida diaria.

1. EL ESPÍRITU SERÁ SU GUÍA

Muchas personas no tienen sentido de propósito o dirección para sus vidas. Toman decisiones como si se tratara de un juego de azar, sin importarles las consecuencias, y sus elecciones a menudo conducen al caos y al desorden. Pero un seguidor de Cristo ya no necesita vivir de esa manera. No se nos deja solos para que resolvamos las cosas por nuestra cuenta. La Biblia es clara en cuanto a que Dios está con nosotros y que el Espíritu Santo quiere guiarnos y dirigirnos en todo lo que hacemos. Jesús dijo: "Y cuando venga el Espíritu de verdad, él los guiará a toda la verdad" (Juan 16:13, RVA). El Espíritu se nos da como guía para dirigirnos en la forma en que debemos vivir. El deseo más profundo de Dios es que busquemos su sabiduría y voluntad en todas las áreas de nuestra vida.

Regularmente saco tiempo cada día para pedirle al Espíritu Santo que me guíe. Empiezo orando cada mañana: *Espíritu Santo, dirígeme y guíame hoy.* Él le guiará a usted también, si se lo pide y está abierto a su dirección. Puede que Dios no hable con una voz audible desde el cielo, pero a menudo habla como una voz interior silenciosa. A veces, su voz puede ser tan tenue como un susurro y si no tenemos cuidado, nos la perderemos.

Cuando usted ore, saque un tiempo para detenerse y escuchar la respuesta de Dios. Muchas personas tratan la oración como un monólogo más que como un diálogo. No solo hable con Dios, haga una pausa y deje que Él le responda. Tenga paciencia y escuche. ¿Está usted buscando la voluntad de Dios para su vida o está enfrentando una decisión importante que cambiará su vida? Confíe en el Señor y su Palabra para mostrarle las respuestas a todos los problemas y desafíos de la vida. No tenga miedo de pedirle dirección a Dios. Él habla a aquellos que están dispuestos a pedir y escuchar.

2. PODER PARA SER TESTIGOS

Muchas personas tienen temor de compartir su fe con los demás. Creo que cuando tenemos temor de compartir, a menudo es porque tememos lo que pensarán los demás o que nos rechacen.

La Biblia dice: "Porque no nos ha dado Dios un espíritu de cobardía, sino de poder, de amor y de dominio propio" (2 Timoteo 1:7, RVA). Aquí, entonces, hay otra forma en que usted puede confiar en el Espíritu Santo. Cuando sale a compartir su fe con los demás, confíe en que el Espíritu Santo le ayudará a superar sus temores y a compartir con valentía.

A veces, cuando hablamos con alguien acerca de Cristo, podría darse el caso de que confiemos en nuestra propia capacidad de persuasión en lugar de buscar el poder del Espíritu Santo. En cambio, necesitamos pedirle al Espíritu que nos llene de su poder para que podamos ser testigos eficaces. Jesús lo prometió: "recibirán poder cuando el Espíritu Santo haya venido sobre ustedes, y me serán mis testigos" (Hechos 1:8, RVA). Jesús nos prometió el poder del Espíritu; todo lo que tenemos que hacer es pedirlo. El pastor David Martyn Lloyd-Jones nos recuerda: "Siempre es correcto buscar la plenitud del Espíritu; se nos exhorta a hacerlo".[23] Demasiados creyentes son débiles en su fe y necesitan la plenitud del Espíritu en sus vidas. No se avergüence de pedirle al Espíritu Santo que le dé el poder para ser testigo. En el libro de los Hechos, la iglesia oró: "concede a tus siervos que hablen tu palabra con toda valentía", y cuando terminaron de orar, "todos fueron llenos del Espíritu Santo y hablaban la palabra de Dios con valentía" (Hechos 4:29-31, RVA). Pídale valentía al Señor, abra su corazón y permita que el Espíritu Santo le de poder para ser testigo de Cristo hoy.

Conclusión

Espero que este capítulo haya puesto de relieve la obra del Espíritu Santo en el crecimiento y la expansión del movimiento wesleyano. Espero, además, que usted haya visto que, para que un movimiento de avivamiento comience y crezca también hoy, necesitamos al Espíritu Santo. El Espíritu nos capacita y empodera para vivir la vida cristiana, sin embargo, en muchas iglesias de hoy, el Espíritu Santo rara vez se menciona. El Espíritu también se descuida en la vida individual de muchos cristianos, ya que intentamos hacer la obra de Dios con nuestro propio poder y fuerza en lugar de confiar en él. Muchas iglesias se enfocan en mantener los edificios y planificar los presupuestos en lugar de buscar la poderosa presencia de Dios a través de la oración. En consecuencia, las iglesias de todo el país están esencialmente muriendo. Necesitan desesperadamente una renovación espiritual porque han perdido la presencia y el poder del Espíritu Santo. "¡Ven, Espíritu Santo!" es una oración que hombres y mujeres con mucho deseo han orado durante más de dos mil años de historia de la iglesia.

Si examinamos las páginas de la historia de la iglesia, podemos ver que el Espíritu Santo siempre ha estado presente. En el corazón mismo del movimiento metodista había una fe robusta y llena del Espíritu arraigada en la Palabra. El movimiento metodista primitivo tenía un énfasis equilibrado en la experiencia personal que se sustentaba en las prácticas espirituales llamadas los medios de gracia (los discutiremos en detalle en el próximo capítulo), y a medida que el movimiento se extendía, hombres y mujeres comunes salían en el poder del Espíritu a compartir el evangelio con otros. Si queremos ver un movimiento en nuestros días, tenemos que estar dispuestos a empoderar a las personas para el ministerio y estar abiertos a la persona y obra del Espíritu Santo. Dado que gran parte de este capítulo es personal, quiero terminar con una oración.

Espíritu Santo, te necesito. Me doy cuenta de que no puedo lograrlo sin ti en mi vida. Guíame en el camino que debo seguir. Ordena mis pasos según tu Palabra. Ven y ayúdame en mi vida de oración. Empodérame para ser un testigo de Jesucristo. Ayúdame a compartir el mensaje de fe en el poder de tu Espíritu. Dame una valentía santa para hablar tu mensaje. En el nombre del Padre, del Hijo y del Espíritu Santo. Amén.

CAPÍTULO 5

SISTEMAS DE DISCIPULADO

La revolución wesleyana es una ilustración de que la transformación espiritual duradera no es el producto de la predicación dinámica … Se produce solo mediante el discipulado.

D. Michael Henderson

Muchas iglesias tienen un programa de discipulado lineal, un enfoque único para todos que intenta canalizar a todas las personas a través del mismo proceso. Algunas iglesias se limitan a utilizar el último programa o libro que el pastor ha leído con la esperanza de que lo que tuvo éxito en una gran iglesia del país también funcione para ellos, aunque se trate de un contexto geográfico y social diferente que involucra a personas diferentes. Sin embargo, mi experiencia como pastor y líder de iglesia me ha enseñado que el proceso de discipulado no funciona de esa manera. Es posible que el sistema o proceso que funciona tan bien en California o Nueva York no produzca los mismos resultados cuando lo pruebe en Tennessee. Si bien los medios de gracia son los mismos para todos los creyentes, el proceso de cómo llevamos las personas a Jesús, las capacitamos y continuamos apoyándolas en el crecimiento espiritual, difiere de un lugar a otro. Es posible que deba estudiar su propia cultura y contexto para aprender cómo hacer crecer discípulos de manera efectiva justo donde se encuentra.

El cristianismo comenzó como un movimiento orgánico, de base, hace más de dos mil años. Por orgánico, quiero decir que fue un movimiento que creció y se desarrolló a la manera de un organismo vivo. La Biblia utiliza varias metáforas para describir el proceso de crecimiento espiritual, muchas de ellas derivadas de la agricultura y la jardinería. La Biblia habla de sembrar y cosechar (Juan 4:37; 2 Cor. 9:6), plantar y regar (1 Cor. 3:6), crecer (1 Pedro 2:2; 2 Pedro 3:18), y dar fruto (Mateo 7:17-20; Juan 15:1-16; Gálatas 5:22).

La Biblia también usa metáforas relacionadas con las relaciones humanas y el cuerpo humano para describir el crecimiento. Se habla de la iglesia utilizando imágenes relacionales como la de una familia en la que tenemos hermanos, hermanas, madres y padres. También se habla de ella como la novia de Cristo y como el cuerpo de Cristo. En 1 Corintios 12:12-27, Pablo habla del cuerpo como una metáfora distintiva de la iglesia de Cristo, y en la metáfora del cuerpo de Pablo, cada parte tiene un papel importante que desempeñar en el todo.

Es significativo notar que en ninguna parte del Nuevo Testamento encontramos la palabra "iglesia" refiriéndose a un edificio. Todas las referencias a la iglesia denotan un grupo de personas que se han reunido o congregado en el nombre de Jesucristo. La palabra griega para iglesia es *ecclesia,* que significa literalmente "los llamados". Pero este matiz y gran parte del lenguaje orgánico que describe a la iglesia se ha perdido en la traducción. Muchos diccionarios de inglés describen la iglesia como "un *lugar* de culto público" y, a lo largo de los siglos, el concepto de iglesia ha pasado de ser una reunión de personas a un edificio o un lugar. Para recuperar la dinámica del movimiento presente en la iglesia primitiva, que condujo a gran parte de su crecimiento, debemos recuperar una comprensión orgánica y bíblica de lo que significa *ser* la iglesia.

La iglesia es el cuerpo vivo y espiritual de Cristo. Al igual que todos los organismos saludables, requiere numerosos ecosistemas que funcionan juntos para permitirle cumplir con su propósito y mantener la salud en general. Un ecosistema es una comunidad de seres vivos que interactúan entre sí, lo que requiere cambio y adaptación continuos. La iglesia no es diferente. La capacidad de cambiar y adaptarse es un requisito para una iglesia saludable y en crecimiento. Como dice Leonard Sweet: "Debemos desarrollar ministerios que se ajusten y cambien continuamente con nuestra cultura en constante cambio".[1] De manera similar, la estrategia de discipulado de una iglesia debe estar lo suficientemente estructurada para mantener el orden, pero lo suficientemente orgánica para cambiar con las necesidades continuas de la iglesia a medida que crece, de lo contrario el crecimiento de la iglesia se verá obstaculizado. Una comprensión orgánica del discipulado puede requerir un cambio de pensamiento, un cambio de los sistemas y estructuras existentes a otros nuevos, más alineados con los términos y conceptos bíblicos. El discipulado orgánico no es un programa o un plan de estudios. Se trata de aprender los ritmos naturales del discipulado dentro del contexto de su iglesia, las circunstancias y relaciones en las que el Espíritu Santo está obrando para traer vida y crecimiento.

Una de las grandes lecciones que nos recuerda el avivamiento wesleyano es que el propósito de la iglesia es hacer y multiplicar discípulos. Quizás más que cualquier otra cosa, fueron los sistemas de discipulado *intencional* los que contribuyeron al crecimiento y longevidad del movimiento. Una razón obvia por la que tantas iglesias luchan por hacer discípulos es que no tienen un plan para ello. Además, muchos líderes de iglesia no han experimentado personalmente lo que es vivir en una comunidad cristiana saludable. Wesley nos recuerda que cuando estas cosas se pierden, la iglesia debe esforzarse por redescubrir el poder del discipulado bíblico y la comunidad cristiana. Como veremos, el ecosistema de discipulado de Wesley fue intencional y flexible, moviendo a las personas de un lado a otro a través de tres grupos de discipulado entrelazados: sociedades, reuniones de clase y bandas. Veamos más de cerca este ecosistema y lo que podemos aprender de él para aplicarlo a nuestro propio contexto actual.

Ruptura con los moravos: conflicto y contribuciones

Quizás más que cualquier otro movimiento, hemos visto que los moravos hicieron contribuciones significativas al peregrinaje espiritual personal de Juan Wesley y a su comprensión del discipulado. Dos de las mayores contribuciones de los moravos fueron "clarificarle lo que es la experiencia de la fe salvadora y conducirlo hacia ella, y proporcionarle modelos de vida cristiana en comunidad".[2] Sin embargo, Wesley tuvo un lento y gradual desencuentro con los moravos, que comenzó cuando viajó a Herrnhut para visitarlos. Habló con su líder, el Conde Zinzendorf, y observó el estilo de vida y las prácticas religiosas de su comunidad. En ese momento, quedó impresionado con su unidad y piedad, pero solo unos meses después de su regreso a Inglaterra, Wesley se volvió más crítico hacia aquella comunidad. Se quejó de que eran demasiado pasivos y no ponían suficiente cuidado en la práctica de las disciplinas espirituales, como la oración, el ayuno, la comunión y el estudio de la Biblia. También consideraba que hacían demasiado hincapié en el testimonio interno del Espíritu y que habían convertido la seguridad un requisito para la salvación. Estas diferencias fueron el comienzo de una eventual ruptura con los moravos.

El rompimiento se hizo evidente, saliendo a la luz, cuando discreparon sobre la dirección de la Sociedad de Fetter Lane. Como Wesley viajaba cada vez más para reunirse con las personas en el creciente movimiento de avivamiento metodista, la Sociedad de Fetter Lane quedó cada vez más bajo el control de los líderes moravos. Se produjo una lucha entre Wesley y el líder moravo Phillip Molther, que enseñaba una doctrina de quietud que se oponía directamente al énfasis de Wesley en los medios de gracia. Molther enseñaba que las personas debían abstenerse de todos los medios de gracia y simplemente "estar quietos" hasta que el Señor les diera la fe verdadera. Wesley, por otro lado, enseñaba que los medios de gracia, incluidos los sacramentos, también son formas de encontrarse con el Señor. El conflicto llegó a un punto crítico en julio de 1740 y Wesley y los moravos se separaron, dejando el control de Fetter Lane a los líderes moravos. Sin embargo, los dos años de participación de Wesley en Fetter Lane no se perdieron, ya que le permitieron desarrollar aún más su pensamiento sobre el importante papel de la comunidad y cómo crear grupos de discipulado que condujeran al crecimiento espiritual continuo.

Wesley el organizador maestro

Poco después de su ruptura con los moravos, Wesley comenzó a implementar plenamente sus propias ideas de discipulado en el creciente movimiento metodista. Como señala Michael Henderson: "algunos cambios radicales estaban a punto de producirse en su vida que le darían la oportunidad de desarrollar su propio sistema de instrucción y de controlarlo por completo".[3] La Fundición en Londres se convirtió en el nuevo epicentro del movimiento metodista. La Fundición había sido una armería donde se fabricaban cañones, pero una explosión había destruido la mayor parte del edificio. Wesley y sus colegas se propusieron reparar la Fundición y convertirla en la sede del movimiento. Remodelaron la vieja estructura y construyeron una capilla con capacidad para mil quinientas personas, un gran salón con capacidad para trescientas personas, una sala para vender sus libros, folletos y tratados, una escuela para niños y un albergue para viudas. Fue en la Fundición donde las ideas de Wesley para la recuperación del cristianismo bíblico comenzaron a ganar cierta tracción y difusión.

Wesley tenía la mente de un arquitecto maestro y estaba dotado para crear una infraestructura que facilitara el crecimiento y desarrollo del movimiento. Wesley tenía una comprensión innata de cómo el entorno social influye en la fe. Malcolm Gladwell señala en *The Tipping Point (El punto clave)* la importancia de los grupos de formación de discípulos que tenía Wesley, destacando su genio organizativo y énfasis en la comunidad:

> ... no estaba vinculado a muchas personas, sino a muchos grupos de personas. Es un detalle pequeño, pero de máxima importancia. Wesley se dio cuenta de que, si quiere producir un cambio fundamental de creencias y comportamientos de las personas es necesario crear una comunidad en la que la nueva creencia pueda practicarse, expresarse y nutrirse.[4]

Wesley creó un ecosistema holístico de hacer de discípulos que colocó a las personas en comunidades de relaciones vitales para un crecimiento espiritual continuo. Entendió que los discípulos se hacen en comunidad, no de forma aislada, advirtiendo que "predicar como un apóstol, sin juntar a los que sean despertados y adiestrarlos en los caminos de Dios, es sólo procrear hijos para el asesino".[4] Wesley sabía que una dieta constante de predicación por sí sola no era suficiente para mantener a las personas en la fe. Escribió: "Decidí, por la gracia de Dios, no hacer ningún esfuerzo en ningún lugar al que no pueda darle seguimiento".[5] Wesley dio seguimiento al "esfuerzo" de salvación al poner a las personas en grupos para asegurarse de que continuaran creciendo en Cristo.

Lo que surgió en la Fundición fue similar a algunas de las experiencias anteriores de Wesley con el discipulado grupal en el Club Santo y las reuniones de banda moravas. Organizó a las personas en tres grupos de discipulado entrelazados llamados sociedades, reuniones de clase y bandas. D. Michael Henderson explica algunas de las razones detrás de los diferentes grupos: "Se podría decir, metafóricamente, que la sociedad apuntaba a la cabeza, la reunión de clase a las manos y la banda al corazón".[7] Desglosemos aún más la estructura analizando cada uno de los tres grupos individualmente y notando cómo se relaciona cada uno con los demás en el sistema general.[8]

SOCIEDADES

El elemento más grande del ecosistema de discipulado era la sociedad metodista. A lo largo de los años, los Wesley habían participado en varios grupos "experimentales" como la Sociedad de Fetter Lane. Las sociedades religiosas eran comunes en Inglaterra en aquella época, ya que permitían que las personas se reunieran para buscar una fe más profunda. Los convertidos al camino metodista querían reunirse con Wesley y el modelo de sociedad proporcionaba un contexto para ello.

La sociedad incluía una combinación de miembros oficiales ya existentes, además de cualquier otra persona interesada en el metodismo. Era un lugar para traer amigos o visitantes interesados y proporcionaba un encuentro donde las personas podían conectarse más allá de la predicación de campo y la invitación de un amigo para aprender más sobre los principios del metodismo. Era un lugar de educación que incluía momentos de predicación, conferencias, lectura pública y canto de himnos. El propio Wesley describió estas sociedades de esta manera:

> Este fue el surgimiento de la Sociedad Unida, primero en Londres y luego en otros lugares. Tal sociedad no es otra cosa que un grupo de personas que tienen la apariencia, pero buscan la eficacia de piedad, unidas con el propósito de orar juntas, de recibir la palabra de exhortación y de cuidarse mutuamente con amor, ayudándose unas a otras en ocuparse de su salvación.[9]

Las analogías no siempre son útiles, pero me gusta pensar en la sociedad metodista como una red diseñada para atrapar y retener a un gran número de personas. La sociedad los mantenía unidos y proporcionaba un marco importante para el ecosistema del discipulado metodista. Con un promedio de cincuenta o más personas, las sociedades proporcionaban un entorno de aprendizaje cognitivo para los metodistas, de manera similar a nuestras iglesias modernas. Sin embargo, la sociedad no era más que un punto de partida para la participación. Se esperaba, y en la mayoría de los casos se exigía, que los asistentes a la sociedad se unieran a una reunión de clase si querían identificarse formalmente como metodistas.

Wesley estableció docenas de estas sociedades metodistas en ciudades como Londres, Bristol y Newcastle para reunir a las personas con "sólo una condición previa que se requiere de los que deseen ser admitidos en estas sociedades: el deseo de huir de la ira venidera y de ser salvos de sus pecados".*10* Cada sociedad formaba parte de una red mucho más amplia de sociedades llamadas Sociedades Unidas. Desde el principio, el metodismo se organizó como una red de redes, tal vez similar a algunas de nuestras redes de plantación de iglesias de hoy en día. Los líderes de cada sociedad estaban conectados a través de este enfoque de red, que les ofrecía apoyo relacional. Las sociedades incluían a todos los metodistas de una zona o ciudad determinada, y el término "sociedad" se utilizaba como sinónimo de "congregación". Con el tiempo, estas sociedades se convirtieron en iglesias cuando el metodismo evolucionó hacia una denominación formal en Norteamérica tras la Guerra de Independencia y en Inglaterra después de que el metodismo se separara oficialmente de la Iglesia de Inglaterra.

REUNIONES DE CLASE

Un autor describe la reunión de clase como la "piedra angular de todo el edificio metodista".[11] Para 1741, la Sociedad de la Fundición había crecido a más de novecientos miembros y otras sociedades estaban creciendo de manera similar. Como veremos en la siguiente sección, Wesley alentó a quienes asistían a las reuniones de la sociedad a participar también en reuniones de bandas más pequeñas, una práctica que había adoptado de los moravos. Pero éstas no se multiplicaban con la suficiente rapidez para satisfacer las crecientes necesidades del movimiento a medida que se incorporaban nuevas personas. Para evitar que las cosas se desmoronaran, se necesitaba una tercera estructura que ayudara a llenar el vacío para el creciente número de personas. Casi por casualidad, la respuesta se encontró durante una campaña financiera para recaudar fondos para la construcción de un espacio de reunión en el Nuevo Salón en Bristol y la remodelación de la Fundición. Un capitán de barco llamado Foy sugirió dividir las sociedades en grupos más pequeños de doce, cada uno con un líder que se encargaría de recaudar fondos del grupo y entregar doce peniques a la semana. Estos grupos más pequeños no eran lo mismo que las bandas, que se reunían para alentar y rendir cuentas en grupos pequeños. Wesley denominó *clases* a estas doce divisiones de la sociedad, tomando el término de la palabra latina *classis,* que significa "división".

Las reuniones de clase eran esencialmente iglesias en casas que se reunían semanalmente para orar, instruirse y tener una comunión mutua. Como eran más pequeñas, podían difundir el movimiento en los barrios donde vivían sus miembros. Los asistentes a una reunión de clase solían permanecer juntos durante años. Cada reunión de clase tenía un líder designado que proporcionaba la supervisión espiritual del grupo, y Wesley describió los deberes del líder de clase de esta manera:

> A fin de discernir con más facilidad si en realidad se están ocupando de su salvación, cada sociedad se divide en pequeños grupos denominados clases, según sus respectivos domicilios. Cada clase cuenta con una docena de participantes, a uno de los cuales se le da el título de líder. Su tarea es: (1) Comunicarse con cada integrante de su clase por lo menos una vez por semana, para recibir lo que deseen contribuir como ayuda para los pobres; informarse de cómo prosperan sus almas; aconsejar, reprender, consolar y exhortar, según el caso exija. (2) Reunirse con el pastor y los mayordomos de la Sociedad semanalmente, con el propósito de: abonar a estos últimos lo que han recibido de las diversas clases en la semana precedente; dar cuenta en forma detallada sobre lo que cada miembro ha contribuido; e informar al pastor sobre los enfermos y los casos de comportamiento desordenado que no aceptan ser reprendidos.[12]

La reunión de clase se celebraba una vez a la semana y participaban tanto hombres como mujeres, y personas de todas las edades y condición social. La reunión comenzaba puntualmente a la hora señalada y se iniciaba con un himno. A continuación, el líder daba un breve testimonio de las experiencias de la semana anterior y luego cada persona del grupo informaba sobre su progreso o necesidades espirituales y recibía oración y apoyo del grupo. Las instrucciones de Wesley para las reuniones de clase incluían la amonestación a los metodistas para que hicieran lo siguiente: en primer lugar, no hacer daño y evitar el mal; hacer el bien de todas las maneras posibles; y asistir a todas las ordenanzas de Dios, que incluyen la oración, los sacramentos, el escrutinio de las Escrituras y el ayuno. Según George Hunter, Wesley "se vio impulsado a multiplicar las 'clases' porque éstas servían mejor como grupos de reclutamiento, como puertos de entrada para nuevas personas y para involucrar a la gente que había sido despertada con el evangelio y el poder".[13]

La reunión de clase pronto se convirtió en la columna vertebral del movimiento metodista y era un requisito para ser miembro, lo cual es muy diferente de cómo muchos cristianos ven hoy la membresía de la iglesia. A menudo, ser miembro de una iglesia hoy en día consiste en tener su nombre en una lista de miembros o asistir ocasionalmente el domingo por la mañana. Sin embargo, en el movimiento metodista primitivo, uno no podía llamarse metodista si no era miembro de una reunión de clase. Wesley incluso comenzó a emitir "boletos" trimestrales a cada miembro de la clase, con el nombre de la persona, la fecha, un versículo de las Escrituras y la firma de Wesley o de uno de sus líderes como prueba de membresía. Esta prueba les permitía asistir a los festivales trimestrales del amor, que eran una comida comunitaria compartida entre cristianos que recordaba las comidas que Jesús compartía con sus discípulos. Tengo un boleto trimestral de 1842 en mi escritorio que perteneció a una mujer llamada Maria Snyder y fue firmado por su ministro. Era la membresía de una persona a la reunión de la clase, no a la sociedad, lo que la convertía en metodista.

En nuestra época de declive eclesiástico generalizado y falta de participación religiosa, puede parecer extraño que las personas se sometan a un nivel de compromiso tan elevado. Pero Wesley sabía que eso era exactamente lo que la gente ansiaba: un compromiso. Los primeros metodistas eran hombres y mujeres plenamente comprometidos con ser cristianos radicales y miles de ellos entregaron gustosamente sus vidas al creciente movimiento. D. Michael Henderson ofrece las siguientes diez razones por las que la reunión de clase tuvo tanto éxito:

Proporcionaba un entorno en el que los conceptos cognitivos podían ponerse a prueba de forma experimental o vivencial.

Sirvió como instrumento de purga o poda para eliminar la "madera seca" de la sociedad.

Era un campo de entrenamiento para los líderes.

Era un punto de entrada capaz de incorporar rápidamente a un gran número de personas nuevas.

Financiaba el movimiento a través de la recaudación de peniques.

Su sistema de contabilidad proporcionaba un registro constante e inmediato de las fortalezas y el tamaño del movimiento.

Obligó a una movilización y participación del 100% de los miembros.

Dio a cada miembro una voz en los asuntos del metodismo.

Permitió a las personas practicar la conversación sobre sus sentimientos internos.

Proporcionó el medio para resolver conflictos dentro de la sociedad mediante una confrontación cara a cara inmediata[14]

Fue en estas reuniones de clase más pequeñas e intencionales donde se produjo el discipulado dinámico. Las reuniones de clase se convirtieron finalmente en el punto de entrada al metodismo y quizás más que cualquier otra innovación, fue lo que hizo que el metodismo se multiplicara y creciera tan rápidamente como lo hizo. Comentando el legado de las reuniones de clase metodistas, el famoso evangelista D. L. Moody dijo una vez: "Las reuniones de clase metodistas son las mejores instituciones para capacitar convertidos que el mundo haya visto".[15] Los propios metodistas llegaron a referirse a las reuniones de clase como el "alma" y la "fuerza" del metodismo.

BANDAS

Si bien las sociedades se usaban para reunir a personas en mayor número para la enseñanza y la edificación, y las reuniones de clase brindaban espacio para un discipulado más profundo, Wesley sabía que aún era necesaria una estructura adicional. La denominó la reunión de banda, y creía que ofrecía el mejor potencial de crecimiento y desarrollo espiritual. La banda era aún más pequeña que la clase, un grupo más intencional con menos miembros, pero con requisitos más rigurosos. Las bandas estaban divididas por género y estado civil, y estaban diseñadas para proporcionar un foro donde los miembros del grupo pudieran confesar sus pecados, luego alentarse y orar unos por otros. Para muchos cristianos contemporáneos, la intimidad y la rendición de cuentas de la reunión de bandas puede parecer un poco intensa, incluso intrusiva. Según Kevin Watson y Scott T. Kisker, "la honestidad e integridad de las bandas es tremendamente rara en nuestra cultura, incluso dentro de la iglesia contemporánea. A través de las bandas, Dios ministraba la gracia santificante en un espacio íntimo".[16] Sin embargo, la reunión de banda fue un lugar donde se formaron muchos de los líderes metodistas.

Las reglas de la banda eran las siguientes:

> El propósito de reunirnos es obedecer el mandato de Dios: "Confesaos vuestras ofensas unos a otros, y orad unos por otros, para que seáis sanados".
>
> Con esta finalidad nos proponemos:
>
> 1. Reunirnos por lo menos una vez por semana.
> 2. Asistir puntualmente a la hora designada, salvo una razón extraordinaria.
> 3. Comenzar (los que estemos presentes) exactamente a la hora, cantando u orando.
> 4. Hablar cada uno en orden, libre y claramente, acerca del verdadero estado de nuestras almas, de las faltas que hemos cometido de pensamiento, palabra u obra, y de las tentaciones que hemos experimentado desde nuestra última reunión.
> 5. Terminar cada reunión con una oración de acuerdo con las necesidades de cada persona presente.
> 6. Solicitar a alguno de entre nosotros que hable de su propia situación espiritual y luego pedir a los demás que, de manera ordenada, planteen en profundidad cuantas preguntas tengan concernientes a su estado, a sus pecados y a sus tentaciones.[17]

Este breve recuento nos da una idea de lo que era participar en una de esas reuniones. Wesley quería que los miembros de una banda mostraran un progreso constante en su caminar con el Señor y, por la gracia de Dios, estos grupos proporcionaban la estructura y las relaciones que fomentaban este progreso. Wesley los exhortaba a:

> Nunca falten a las reuniones de su clase o de su banda; asistan a todos los servicios. En esto radica la fuerza de nuestra Sociedad, y cualquier cosa que menoscabe, o tienda a menoscabar, la importancia que atribuimos a esto, o nuestra exigencia en cuanto a la participación, afecta la raíz misma de nuestra comunidad. Alguien lo expresó así: "Este aspecto de nuestra actividad, las reuniones semanales en privado, para orar juntos, examinarnos y exhortarnos de manera personal, ha sido el mejor método para confirmar y profundizar cada una de las bendiciones recibidas durante la predicación, y también para poder compartirlas con quienes no pudieron asistir al servicio. Entre tanto, ha quedado demostrado que los más esforzados intentos basados únicamente en la predicación resultan infructuosos de no mediar este espacio de comunicación e intercambio de nuestra experiencia religiosa".[18]

El académico metodista Kevin Watson es coautor de un libro de gran ayuda titulado *The Band Meeting: Rediscovering Relational Discipleship in Transformational Community* (La reunión de banda: redescubriendo el discipulado relacional en la comunidad transformacional). Además de compartir detalles sobre la estructura y las prácticas de las reuniones de banda original de Wesley, Kevin se abre a su propia experiencia personal de estar involucrado en una banda:

> Mi primera experiencia en una reunión de banda fue la más profunda en cuanto a intimidad y vulnerabilidad que había

> tenido hasta entonces. Era la primera vez que me invitaban a entrar tan profundamente en la vida de otros hombres. Estar en ese grupo me ayudó a empezar a decir la verdad sobre mi propia vida, especialmente sobre los lugares en donde la vergüenza me tenía atrapado. No fue fácil. Pero fue extremadamente poderoso. Aquel grupo puso al descubierto una mentira no cuestionada que yo había creído: si alguien me conociera de verdad, nunca podría amarme. En aquella reunión del grupo, mientras nos escabullíamos a un aula vacía para comer juntos y confesar el pecado, empecé a arriesgarme a dejar que la gente me conociera. Por la gracia de Dios, descubrí que no estaba solo. Alguien más podría conocerme tal como era y amarme. Y la gracia de Dios podría traer sanidad y transformación duraderas.[19]

Después de leer el relato de Kevin y escucharlo compartir su historia en el escenario en una conferencia reciente, sentí la convicción de que mi propia vida carecía de la profundidad de relación que Kevin estaba experimentando con los demás, así que tomé la decisión de unirme a una banda. Empecé a reunirme con un grupo de hombres de mi vecindario. Nos reunimos cada semana para hacernos preguntas difíciles y orar unos por otros. Estoy agradecido de que Dios haya puesto a estos hombres en mi vida y de que tengo un lugar donde, cada semana, pueda responder a la pregunta: "¿Cómo está tu alma?" Creo que el formato de reunión de banda se puede adaptar a cualquier contexto. No se necesita dinero ni capacitación elaborada, solo de tres a cinco personas que estén dispuestas a reunirse cada semana y hacer preguntas espirituales profundas. Si está interesado en cómo funcionarían las bandas en su contexto, he incluido un modelo contemporáneo para la reunión de banda de discipulado al final del libro.

PERFIL

El movimiento misionero celta

Cuando la mayoría de nosotros pensamos en Irlanda, nos vienen a la mente verdes colinas y campiñas cubiertas de hierba. Hace más de mil años, en esta pequeña isla, el mundo vio nacer otro movimiento influyente: el cristianismo celta. El cristianismo celta destaca como una de las tradiciones cristianas más vibrantes y coloridas que el mundo ha conocido.[20]

Para comprender el cristianismo celta, podemos empezar por observar la vida y ministerio de San Patricio, un personaje envuelto en el misterio, la superstición y el mito. Si bien la mayoría de nosotros estamos familiarizados con la festividad que lleva su nombre y puede que lo conozcamos como el hombre que expulsó a las serpientes de Irlanda y utilizó el trébol para explicar la Trinidad, es posible que no hayamos escuchado el resto de la historia. Patricio fue el líder fundador de la iglesia cristiana celta y fue personalmente responsable de bautizar a más de cien mil personas, ordenar a cientos de sacerdotes, expulsar el paganismo de las costas de Irlanda y comenzar un movimiento en Irlanda que ayudó a preservar el cristianismo durante la Edad Media.

Patricio nació en el año 389 d.C. en un hogar cristiano en Gran Bretaña, durante una época en que Inglaterra no estaba defendida por el Imperio Romano. Los invasores irlandeses capturaban personas en Gran Bretaña y las llevaban a Irlanda como esclavos. A la edad de dieciséis años, los bárbaros irlandeses demolieron el pueblo de Patricio y lo capturaron. Lo llevaron a la costa este de Irlanda y lo vendieron como esclavo. Durante ese tiempo, Patricio pasó muchas horas en oración. Seis años después, escapó de su amo y abordó un barco de comerciantes que se dirigía a Francia. Eventualmente, regresó a Gran Bretaña, donde tuvo una visión y sintió un llamado para regresar a evangelizar Irlanda. Patricio inmediatamente hizo planes para regresar a la tierra de su cautiverio.

Según la tradición, Patricio fue nombrado obispo y apóstol de los irlandeses en el año 432. Viajó por toda la campiña irlandesa predicando el evangelio. El paganismo era la religión dominante en la época en que llegó Patricio y la mayor parte de su oposición provino de los druidas, hombres muy instruidos que practicaban la magia. Intentaron matar a Patricio en repetidas ocasiones, pero Dios lo protegió mediante una serie de milagros.

Como obispo de Irlanda, Patricio contribuyó en la conversión de miles de personas, ordenó a cientos de clérigos y estableció iglesias y monasterios. Gracias a su ministerio, el cristianismo se extendió por Irlanda y otras partes de las Islas Británicas. Solo la misión de Patricio fue responsable de plantar casi setecientas iglesias en toda Irlanda, y las iglesias y monasterios que estableció se convirtieron en algunos de los centros misioneros más influyentes de toda Europa.

El cristianismo se extendió por las Islas Británicas bajo el talentoso liderazgo de hombres como Columba (521-597), que estableció comunidades monásticas en Iona y Aidan en Lindsfarne. Contrariamente al estereotipo, estos monasterios no albergaban a reclusos monásticos, sino que servían como centros de capacitación de discípulos que comisionaban a los misioneros para difundir el evangelio por toda Europa occidental. Fueron estos monasterios irlandeses los que ayudaron a preservar la fe cristiana cuando los ejércitos bárbaros atacaron y diezmaron las ciudades en los vestigios del Imperio Romano que se derrumbaban.

Prácticas espirituales

Cuando el avivamiento evangélico se extendió por Inglaterra y Norteamérica, Wesley vio que muchas personas se alejaban del movimiento si no tenían los medios para ayudarles a crecer espiritualmente. Wesley sabía que el entusiasmo y la experiencia no eran suficientes. Tampoco lo era reunirse en grupos pequeños. La gente común también necesitaba prácticas espirituales que les ayudaran a crecer en su fe, y estas prácticas espirituales apuntalaban la vida llena del Espíritu.

Por ejemplo, sabemos que Wesley era un hombre de oración y asistía regularmente a las reuniones de oración. Él encarnaba lo que significa vivir una vida de oración. Más tarde, describiría a un metodista como alguien que "ora siempre sin cesar" y cuyo "corazón está siempre, en todo tiempo y en todo lugar, elevado a Dios".[21] Un auxiliar de Wesley comentó una vez: "[Wesley] pensaba que la oración era más su ocupación que cualquier otra cosa, y le he visto salir de su aposento con una serenidad de rostro casi resplandeciente".[22] Wesley dijo en una ocasión que la oración era el "gran medio para acercarse a Dios", y demostró su amor por

Dios orando por la mañana temprano, a lo largo del día y por la noche. Wesley alentaba y practicaba la oración privada, pública y familiar, y creía que tanto la oración privada como la corporativa eran igualmente importantes. El Espíritu Santo utiliza nuestras oraciones para acercarnos a Dios y hacernos más semejantes a Jesús en pensamiento, palabra y obra.

La iglesia primitiva de la que leemos en Hechos estaba comprometida con muchas de estas prácticas espirituales. Leemos en Hechos 2:42 que se enfocaron en "la enseñanza de los apóstoles, en la comunión unos con otros, en el partimiento del pan y en las oraciones". Juan Wesley llamó a estas prácticas espirituales los "medios de gracia", lo que significa que son prácticas o actividades intencionales que Dios usa para ayudar a los cristianos a crecer. Wesley creía que los medios de gracia eran "las señales exteriores, las palabras o acciones ordenadas e instituidas por Dios con el fin de ser los canales ordinarios por medio de los cuales pueda comunicar a la criatura humana su gracia anticipante, justificadora y santificadora".[23] Wesley consideraba que muchos de estos medios dados por Dios se habían perdido o ya no se practicaban ampliamente y necesitaban desesperadamente ser recuperados.

Los medios de gracia incluyen prácticas personales y corporativas que promueven el crecimiento espiritual de acuerdo con el mandato de Pablo: "disciplínate a ti mismo para la piedad" (NBLH). La palabra que Pablo utiliza aquí, que se traduce como "disciplínate", literalmente significa "ejercítate", y puede ser útil pensar en las disciplinas espirituales como ejercicios para fortalecernos espiritualmente. Así como el ejercicio físico promueve la fortaleza del cuerpo, las prácticas espirituales promueven la piedad y el crecimiento en la gracia. Son vitales para la persona y para la comunidad cristiana a medida que buscamos llegar a ser más como a Cristo.

Hay muchos medios de gracia diferentes y disponibles para nosotros, pero Wesley destacó principalmente tres de ellos como los medios "principales". En un conocido sermón sobre los medios de gracia, dijo: "Los medios principales son: la oración, ya sea en privado o en la gran congregación; el estudio de las Escrituras (que significa leer, escuchar y meditar sobre ellas), y la cena del Señor: participar del pan y del vino en su memoria. Creemos que estos medios fueron instituidos por Dios como los canales ordinarios para comunicar su gracia a las almas del género humano".[24] Además de estos tres, Wesley también hizo enfatizó el ayuno y el culto público en gran parte de sus escritos y discursos. Al igual que la mecha de una vela necesita cera para arder, nuestra vida espiritual necesita los medios de gracia para seguir ardiendo, o corremos el riesgo de que se apague.

Pero el discipulado no se produce sin más; los discípulos deben comprometerse *intencionalmente* con la práctica continua de las disciplinas espirituales. La fe cristiana es más que una teoría enseñada en un salón de clases o un conjunto de ideas que una persona afirma; es algo que una persona practica en la vida cotidiana. Wesley creía que el discipulado debería ser siempre práctico y aplicable a la vida real. Las disciplinas espirituales no son para un grupo selecto de personas que viven alejadas de los demás o para los dominios exclusivos de los eruditos, sino que son necesarias para todos los cristianos, desde el pastor hasta el profesor o el plomero. Dios nos ha dado varias prácticas espirituales para acercarnos a él y perfeccionar la santidad en nuestras vidas, pero al igual que en la época de Wesley, muchas de estas prácticas se han perdido en la iglesia de hoy y necesitan desesperadamente ser recuperadas.

¿Puede haber un verdadero metodismo sin reuniones de clase?

Hace unos años, George Hunter tuvo una conversación con el Dr. Byounghoon Kang, un pastor metodista de Corea del Sur, en la que le preguntó al Dr. Kang qué pensaba sobre el metodismo en Estados Unidos. La respuesta de Kang fue sorprendente: "Por lo que he podido ver, el metodismo no existe realmente en los Estados Unidos". Continuó señalando que "sus iglesias metodistas no tienen reuniones de clase, su gente no se ministra entre sí a través de reuniones de clase ... En mi iglesia, y en la mayoría de nuestras iglesias", dijo, "toda nuestra gente se reúne en reuniones de clase. La participación de nuestros miembros en las reuniones de clase es incluso más importante que su participación en el culto dominical. ¿Puede haber un verdadero metodismo sin reuniones de clase?"[25]

Si bien esta es ciertamente una pregunta que merece la pena que los wesleyanos y metodistas consideren, permítanme reformular la pregunta del Dr. Kang en términos más amplios que todo cristiano debería considerar: *¿Puede haber verdadero cristianismo sin discipulado en comunidad?* Junto con Wesley, yo diría que la respuesta es *no*.

Robby Gallaty es un pastor que se ha reapropiado del modelo de Wesley para la iglesia contemporánea. En su libro *Rediscovering Discipleship: Making Jesus' Final Words our First Work* (Redescubriendo el discipulado: haciendo que las últimas palabras de Jesús sean nuestra primera obra), Robby comparte cómo está utilizando el modelo wesleyano para ayudar a capacitar a cientos de líderes en los Estados Unidos. Gallaty escribe:

> Hemos tomado el modelo de Wesley y hemos creado una Ruta de Discipulado para que los creyentes la sigan: Congregación (Sociedades), Comunidad (Clases) y Concentración (Bandas). Se pide a los miembros que consideren en qué punto del proceso de crecimiento espiritual se encuentran para dar el siguiente paso en su camino. La Congregación (más de 50 personas) es una reunión semanal, normalmente el domingo por la mañana.

> El propósito es participar en un tiempo de celebración a través de la oración, el canto, el estudio de las Escrituras y el amor mutuo. El grupo Comunidad (15-20 personas), a menudo un estudio bíblico o un grupo pequeño, se reúne para cambios de comportamiento. El grupo Concentración, o Grupo D, consiste en grupos específicos por género de 3 a 5 personas con el propósito de comprometerse y rendir cuentas.[26]

Independientemente de cómo se le llame, el sistema de discipulado de Wesley de sociedades, reuniones de clases y reuniones de bandas nos ofrece principios perdurables y útiles para hacer discípulos hoy. La Biblia no proporciona ninguna evidencia de la existencia de un llanero solitario en el cuerpo de Cristo. Un discipulado serio que haga crecer a las personas hasta la madurez espiritual implica necesariamente a todo el cuerpo de Cristo. Wesley reconoció la importancia de reunirse con otros cristianos para compartir nuestras experiencias, rendir cuentas y orar unos por otros. El objetivo de la reunión de clase y las bandas era crear un método y un medio para ayudar a los cristianos a crecer en la fe y el conocimiento del Señor Jesucristo, y Wesley sabía que el crecimiento no se produciría de forma aislada. Debemos crecer constantemente en nuestra relación con el Señor, lo que requiere interdependencia con los demás creyentes.

La rendición de cuentas, el compañerismo, el estímulo y el estudio son solo algunos de los elementos necesarios en estas relaciones interdependientes. La estrategia ministerial básica de Wesley consistía en satisfacer las necesidades de la persona *integral* a través de un ecosistema de discipulado. Este enfoque holístico también moverá a los creyentes más allá de sí mismos para alcanzar y satisfacer las necesidades de los demás, tanto de las personas en la gran "sociedad" o congregación que están en sufrimiento y necesitados, así como de los no creyentes en la comunidad más amplia. Tristemente, este tipo de discipulado holístico falta en muchas iglesias hoy en día, pero es necesario recuperarlo desesperadamente si queremos sembrar un nuevo movimiento de avivamiento en nuestros días.

Al cerrar este capítulo, puede haber algunos lectores que sean un poco cautelosos y piensen que los métodos de discipulado de Wesley parecen legalistas o demasiado rigurosos para la sensibilidad moderna. Tal vez otros lectores hayan tenido una mala experiencia con una iglesia o un grupo pequeño poco saludable y controlador, o hayan oído hablar de comunidades controladoras que tuvieron efectos negativos en la fe de las personas. Yo diría que, aunque esto pueda ser así en algunos casos, lo más frecuente es lo contrario. La mayoría de las iglesias se equivocan al no proporcionar apoyo para el camino del discipulado. La iglesia en gran parte del mundo occidental está experimentando una crisis de discipulado, y estamos viendo las consecuencias de esta deficiencia con la drástica disminución de las iglesias e incluso de denominaciones enteras en todo el mundo occidental.

El llamado al discipulado radical no es sólo un asunto wesleyano o metodista; es *cristiano.* Muchos no wesleyanos han abordado la necesidad de redescubrir un discipulado serio. En la Primera Consulta Internacional sobre el Discipulado, John Stott llamó la atención sobre la "extraña e inquietante paradoja" de la situación cristiana contemporánea. Advirtió: "Hemos experimentado un enorme crecimiento estadístico sin el correspondiente crecimiento en el discipulado. A Dios no le agrada el discipulado superficial".[27] Lamentablemente, algunas iglesias se centran en el evangelismo a expensas del discipulado, buscando ganar convertidos en lugar de hacer discípulos, a pesar de que el objetivo de la evangelización es hacer discípulos.

Alan Hirsch nos recuerda: "no conseguimos hacer discípulos por medio del enfoque consumista de la fe. Hablando claro, no podemos esperar que el consumismo nos abra el camino hacia el discipulado … El consumo perjudica al discipulado".[28] El resultado del consumismo en el cristianismo es lo que el pastor luterano Dietrich Bonhoeffer llamó "gracia barata" en su famosa obra, *The Cost of Discipleship* (*El precio de la gracia,* como se conoce en español), publicada en 1939. En *Growing True Disciples,* el investigador George Barna reportó que la iglesia en Estados Unidos está compuesta por "muchos convertidos, pero asombrosamente pocos discípulos".[29] ¿Cuál es la conclusión? Necesitamos redescubrir el arte perdido de hacer discípulos.

Los sistemas de discipulado de Wesley no solo hicieron discípulos, sino que produjeron líderes. Con un alto compromiso con el discipulado, miles de líderes surgieron de las filas del metodismo primitivo. En el próximo capítulo, conoceremos a algunos de los líderes clave del movimiento y aprenderemos cómo Wesley los desarrolló.

CAPÍTULO 6

LIDERAZGO APOSTÓLICO

Wesley no solo llegó a las masas; sino que hizo líderes a miles de ellos.

HOWARD SNYDER

Si estudia la historia de los movimientos cristianos, usted comenzará a ver que muchos de ellos son el resultado de un redescubrimiento, un regreso a una verdad que estaba en la raíz de las primeras creencias y prácticas cristianas. Wesley vio el creciente movimiento metodista de esta manera, como un movimiento de recuperación en la larga tradición de la iglesia. Donald Thorsen señala que Wesley trazó la genealogía metodista hasta la "religión antigua", describiendo el metodismo como "la antigua religión, la religión de la Biblia, la religión de la Iglesia primitiva, la religión de la Iglesia de Inglaterra".[1] Para Wesley, el metodismo no era algo nuevo e innovador, sino otro eslabón de una cadena ininterrumpida de la verdadera religión, una religión del corazón, que "no era otra que el amor, el amor de Dios y de toda la humanidad".[2]

El metodismo era tanto algo antiguo como nuevo. Wesley quería recuperar la antigua religión y conectar a su generación con la iglesia primitiva y sus enseñanzas. No obstante, el metodismo también era algo nuevo, contextualizado para su tiempo y lugar, y Wesley fue capaz de dar una nueva expresión a la antigua verdad. Cuando habló sobre la recuperación del "cristianismo bíblico", Wesley se refería a un regreso a la pura y sin mácula "religión de la Biblia, la religión de la iglesia primitiva".[3] Este regreso a una forma y práctica más primitiva del cristianismo significó principalmente regresar a la vitalidad espiritual que era característica del libro de los Hechos y de la iglesia primitiva. Wesley y los primeros metodistas tenían la visión de recuperar una "fe contagiosa" y difundirla por todo el mundo: "el cristianismo bíblico, en sus comienzos en cada ser humano; en su extensión de una persona a otra; como que se extiende por toda la tierra".[4]

El libro de los Hechos nos recuerda que el cristianismo auténtico se reproduce rápidamente. En el día de Pentecostés, se añadieron tres mil personas a la iglesia y comenzaron a reunirse en las casas, dirigidos por gente común (véase Hechos 2). Empoderado por el Espíritu Santo, el pueblo de Dios viajó y trabajó, llevando consigo el mensaje y su fe en Jesucristo. Había un ADN apostólico presente en el movimiento cristiano primitivo, un impulso para compartir el mensaje ampliamente y multiplicarse. Como señala George Hunter III, todos los creyentes acogieron este impulso. Es lo que hoy llamaríamos un *movimiento laico*: "La identidad de la iglesia se ubica en su misión apostólica y su ministerio a las personas (y a toda la población) que aún no son personas de fe, y este ministerio y misión es encomendado principalmente a los laicos".[5] Fue esta visión de empoderar a personas ordinarias y no ordenadas para la misión de Dios lo que estuvo en el corazón del avivamiento wesleyano. Todo el pueblo de Dios está capacitado para realizar la obra del ministerio, sea cual sea o donde sea.

Apóstol significa "uno que es enviado en misión". Al dar a sus discípulos la comisión de hacer discípulos y predicar el evangelio, Jesús plantó un impulso apostólico en el movimiento cristiano primitivo que tenía la intención de extender el evangelio a nuevos territorios y entre nuevos grupos de personas. Alan Hirsch nos recuerda que este ministerio apostólico es más una función que un oficio. Lo describe como "una función pionera de la iglesia, la capacidad de extender el cristianismo como un movimiento saludable, integrado, innovador y reproductor, en constante expansión hacia nuevas culturas".[6] El avivamiento wesleyano trató de recuperar este ADN apostólico empoderando a la gente común para la obra del ministerio, enviándoles a compartir su fe, predicar el evangelio y hacer discípulos. La visión de Wesley era clara: "No la formación de una nueva secta; sino reformar la nación, particularmente la iglesia; y esparcir la santidad bíblica sobre la tierra".[7]

La visión de Wesley era cambiar el mundo animando al pueblo de Dios —toda persona que seguía a Jesús— a convertirse en "cristianos bíblicos" y a vivir vidas de fe y devoción vital a Cristo. Los teólogos llaman a este énfasis en las implicaciones prácticas de nuestra fe "teología práctica", y en muchos sentidos Juan Wesley fue un teólogo de base, que a menudo desarrollaba su teología mientras cabalgaba de pueblo en pueblo. Las doctrinas del metodismo no fueron recopiladas en volúmenes académicos; están presentes en los sermones e himnos del movimiento. Wesley dijo en una ocasión: "Me propongo verdades sencillas para la gente sencilla: Por ello, me abstengo a propósito de toda especulación elevada y filosófica; de todo razonamiento intrincado y confuso; y, en la medida de lo posible, hasta de toda muestra de erudición, excepto cuando he tenido que citar las Sagradas Escrituras en las lenguas originales".[8] Esto no significa que Wesley no estuviera interesado en la doctrina y la filosofía. Después de todo, era un académico formado en Oxford que comprendía la importancia y la necesidad de una buena doctrina, pues había visto cómo la recuperación de la doctrina bíblica había moldeado la Reforma y conducido al surgimiento del protestantismo. Pero Wesley entendió una verdad sencilla: *la doctrina sin la práctica no es la fe del cristianismo.* Wesley siempre buscó hacer la conexión entre la fe y la práctica con la esperanza de que el movimiento metodista estuviera marcado por personas que vivieran lo que decían creer.

La tensión entre la tradición y la innovación

Tal vez la síntesis wesleyana podría verse mejor como una tensión entre la aceptación de la tradición y la necesidad de la innovación. Si bien Wesley era un sacerdote anglicano de la alta iglesia tradicional que honraba la tradición eclesiástica, al mismo tiempo, era un líder apostólico que estaba dispuesto a innovar, dispuesto a introducir cambios en la estructura y los métodos de la iglesia para que el evangelio fuera compartido y vidas fueran cambiadas. Sus innovaciones a menudo le trajeron problemas con los líderes de la iglesia anglicana. La iglesia de Inglaterra enseñaba y creía en las "órdenes sagradas" tradicionales, un orden triple de ministerio ordenado que creían que existía en continuidad con la iglesia primitiva. Incluía los cargos de obispo, sacerdote y diácono. Estas órdenes fueron llamadas "santas" para indicar que habían sido apartadas para un propósito especial. La palabra "orden" designa un patrón establecido (del cual se deriva la idea de ordenación, un llamado a este orden).

En el siglo II, los términos "obispo", "sacerdote" y "diácono" habían logrado una amplia aceptación en formas que los equiparaban con cargos eclesiásticos específicos, y estos cargos permanecieron prácticamente sin cambios en la época de Wesley. Los padres de la iglesia primitiva habían reconocido los tres cargos y los consideraron esenciales para la estructura de la iglesia. Por ejemplo, las cartas de Ignacio, obispo de Antioquía, defienden el desarrollo del triple orden del ministerio ordenado en su *Carta a los Magnesios.*[9] Junto con varias otras tradiciones cristianas, el anglicanismo sigue manteniendo el histórico orden triple del ministerio ordenado de obispos, sacerdotes y diáconos.

Sin embargo, aunque Wesley honraba esta tradición, estaba mucho más preocupado por salvar almas, y creía que el Señor estaba haciendo algo extraordinario al levantar a los metodistas y al llamar a hombres y mujeres no ordenados a predicar y servir como líderes en la iglesia. Esto, quizás más que cualquier otra cosa, fue la razón por la que Wesley enfrentó tanta oposición a su trabajo. Su aceptación de personas no ordenadas para predicar y liderar pasó por alto la jerarquía institucional y trastornó el status quo. El hecho de que empoderara a un ejército de mujeres y hombres no ordenados fue algo revolucionario en una época en que la iglesia dependía casi exclusivamente del clero para llevar a cabo la misión de Cristo.

Wesley se esforzó por mantener lo antiguo y lo nuevo en tensión. Comenzó a visualizar dos clases de órdenes ministeriales: el clero anglicano ordinario y los predicadores metodistas extraordinarios. Wesley vio un papel para los ministros anglicanos en la provisión y administración de los sacramentos, mientras que el propósito de los predicadores metodistas extraordinarios era predicar y evangelizar a los perdidos. Expone este caso en un sermón titulado *"The Ministerial Office"* (El cargo ministerial):

> Entonces, el gran Sumo Sacerdote de nuestra profesión envió apóstoles y evangelistas a proclamar buenas nuevas a todo el mundo; y luego pastores, predicadores y maestros, para edificar en la fe a las congregaciones que habrían de fundar. Pero no encuentro que alguna vez el cargo de evangelista haya sido el mismo que el de pastor, frecuentemente llamado obispo. El pastor presidía el rebaño y administraba los sacramentos: el evangelista lo asistía y predicaba la Palabra, ya fuera en una o más congregaciones. No puedo probar con ninguna parte del Nuevo Testamento, o con ningún autor de los tres primeros siglos, que el cargo de evangelista diera a persona alguna el derecho de actuar como pastor u obispo. Creo que estos cargos se consideraban bastante distintos entre sí hasta la época de Constantino.[10]

Wesley usó las Escrituras para ayudarse a aceptar la tensión que mantenía entre tradición e innovación, entre lo antiguo y lo nuevo. Seguía creyendo en la necesidad del clero anglicano ordinario y establecido, pero creía que había un papel igualmente significativo para los predicadores y trabajadores no ordenados del movimiento metodista. La iglesia estaba llena de clérigos ordenados, pero no satisfacía la necesidad del mundo de escuchar el mensaje del evangelio. Lo que se necesitaba era un ejército de predicadores y evangelistas laicos que predicaran las buenas nuevas por todos los caminos. Wesley estuvo dispuesto a dar su vida a esta visión, dedicando su tiempo y energía para empoderar un nuevo y extraordinario orden de ministerio.

Vale la pena mencionar que Wesley no fue el único innovador en la historia de la iglesia. Tan solo respondió al contexto singular en el que vivía y abordó las necesidades vitales de su época. En muchos sentidos, fue simplemente un líder cristiano en una larga lista de innovadores y reformadores que desafiaron los excesos institucionales y la corrupción que se debían corregir. Esta lista incluye personas como John Wycliffe, el gran traductor de la Biblia; Martín Lutero, quien escribió las noventa y cinco tesis para hacer frente a la corrupción de la iglesia; Juan Calvino, que trajo la reforma a Ginebra; e incluso Billy Graham, que desafió el status quo entre los evangélicos modernos al trabajar con cristianos de todas las denominaciones. Cada uno abordó de manera única un problema de su tiempo, cada uno fue atacado por los poderes fácticos, sin embargo, cada uno ayudó a traer el cambio y la corrección necesarios a la iglesia.

Empoderando a personas no ordenadas

El rápido crecimiento del metodismo no habría sido posible sin los sacrificios y la dedicación de los primeros metodistas. Wesley escribió la famosa frase: "Denme cien predicadores que no le tengan miedo a nada, solamente al pecado y que deseen solamente a Dios, y a mí no me importa si son clérigos o laicos. Solamente ellos podrían sacudir las puertas del infierno y establecer el reino de los cielos en la tierra".[11] Los líderes del metodismo primitivo tenían valor y determinación. Dieron voluntariamente su vida a la causa de Cristo y el extendimiento del metodismo. Entre los primeros líderes laicos metodistas también había mujeres prominentes de piedad que dirigían reuniones de clase, visitaban a los enfermos y predicaban el evangelio.

David Garrison, pionero en nuestra comprensión de los movimientos de plantación de iglesias, comenta al respecto: "En los movimientos de plantación de iglesias, los laicos están claramente en el asiento del conductor. Hombres y mujeres comunes, no remunerados y no profesionales están dirigiendo las iglesias … El liderazgo laico está firmemente arraigado en la doctrina del sacerdocio del creyente, la doctrina más igualitaria jamás establecida".[12] Como sugiere Garrison, esta recuperación del "sacerdocio de todos los creyentes" —un laicado empoderado— es la base para cualquier movimiento de multiplicación exitoso. Si bien puede parecer poco sorprendente encontrar líderes eclesiásticos no ordenados y no profesionales en la actualidad, estos cambios fueron revolucionarios en la época del avivamiento wesleyano.

Líderes clave de los movimientos

A medida que Wesley reclutaba nuevos laicos, varios de ellos rápidamente se destacaron dentro del movimiento como líderes apostólicos talentosos. Wesley mismo fue un líder apostólico, alguien que tenía la habilidad de identificar, capacitar, y enviar a otros hombres y mujeres. Tenía un talento dado por Dios para reconocer lo mejor de las personas y desarrollar sus cualidades de liderazgo. Muchos de estos líderes ayudaron a Wesley a difundir la causa del metodismo por las Islas Británicas, en América del Norte y, finalmente, en todo el mundo. Cada uno de ellos tuvo un papel único y contribuyó de manera especial al extendimiento del metodismo. Sin ellos, la historia metodista estaría incompleta.

CARLOS WESLEY

El hermano menor de Wesley, Carlos, fue su compañero de ministerio durante toda su vida y un colíder del movimiento metodista. Carlos fue un predicador y compositor con mucho talento, autor de más de nueve mil himnos y poemas, muchos de los cuales se encuentran en *Collection of Hymns for the Use of the People Called Methodist* [Colección de himnos para el uso del pueblo llamado metodista]. Varios de estos amados himnos son bien conocidos y reconocibles al instante, incluidos "Oíd un son en alta esfera", "¡Oh, amor que excede a todos!", "Jesús, Amante de Mi Alma" y "Mil voces para celebrar". Muchos de sus himnos aún se cantan en las iglesias hoy en día.

Desde el principio, Wesley y Carlos parecían estar bien adaptados para el ministerio juntos, cada uno aportando dones y habilidades únicas al ministerio. Los hermanos estuvieron juntos desde los primeros días del movimiento y durante todo su desarrollo. Ambos fueron ordenados en la Iglesia de Inglaterra por la misma época, viajaron juntos como misioneros a Georgia en las colonias americanas, y cuando regresaron a Inglaterra, ambos tuvieron una experiencia de despertar. Wesley se apoyó en Carlos para recibir consejo y ayuda personal.

ADAM CLARKE

Adam Clarke era un irlandés que se convirtió al metodismo en 1778 bajo la predicación de Thomas Barber. Clarke era un adolescente cuando dedicó su vida a Dios y, por invitación de Wesley, se preparó para el ministerio. Fue uno de los primeros predicadores laicos ordenados por Wesley y rápidamente alcanzó la prominencia en el movimiento metodista. Clarke, líder y predicador con talento, competente erudito bíblico y prolífico escritor, no tenía educación universitaria formal, pero dominaba al menos veinte idiomas, entre ellos el griego, el latín, el hebreo, el samaritano, el siríaco, el árabe, el persa y el copto.

Según algunas estimaciones, Clarke predicó más de quince mil sermones durante su vida, hablando a las masas y escribiendo libros para los eruditos. Entre sus obras se encuentra una serie de ocho volúmenes titulada *Comentario de la Santa Biblia*, que se convirtió en lectura obligatoria para el clero metodista incluso mucho después de su muerte. Clarke era muy querido entre los predicadores metodistas y ocupó una impresionante presidencia de tres mandatos en la Conferencia Wesleyana. Sus escritos contribuyeron en gran medida a la difusión de la doctrina de santidad de Wesley. Aunque murió de cólera en 1832, dejó un legado duradero que seguiría impactando en el desarrollo del metodismo durante generaciones.

THOMAS COKE

El Dr. Thomas Coke fue un apasionado ganador de almas que se unió al movimiento metodista en 1772, dos años después de ser ordenado en la Iglesia de Inglaterra. Un año después de su ordenación, fue expulsado de la iglesia anglicana porque había empezado a predicar como metodista. Se unió al movimiento metodista a tiempo completo, convirtiéndose en uno de los líderes más capaces y asistentes más cercanos de Wesley. Wesley lo designó co-superintendente, junto con Francis Asbury, encargado de poner en orden la incipiente Iglesia Metodista Americana, pero no permaneció mucho tiempo en ese puesto.

Coke permaneció en América durante unos años, pero su corazón estaba puesto en el campo misionero. En 1789 fue nombrado presidente de la Conferencia Irlandesa y durante el resto de su vida se dedicó a apoyar y promover las misiones mundiales. En sus últimos años, fue especialmente apasionado en su deseo de llevar el evangelio a la India, diciendo: "Estoy muerto para Europa y vivo para la India". En 1814, tuvo la oportunidad de llevar el evangelio a Ceilán y a la India, pero murió mientras oraba de camino a la India. Hoy en día, el Dr. Coke es recordado como uno de los mayores líderes de Wesley y campeón de las misiones mundiales.

FRANCIS ASBURY

El ministerio de Francis Asbury es el principal responsable del crecimiento del metodismo en América después de la Guerra de la Independencia. Juan Wesley envió a Asbury a América para promover el metodismo en las colonias, y poco después de su llegada se convirtió en uno de los principales líderes del movimiento americano. Aunque Asbury era inglés de nacimiento, se ganó los corazones y las almas del pueblo americano. A lo largo de sus cuarenta y cinco años de ministerio en América, recorrió casi 300.000 millas a caballo, predicó unos 16.500 sermones y ordenó a más de 4.000 predicadores. Cruzó las montañas Allegheny sesenta veces y durante muchos años visitó casi todas las colonias al menos una vez al año. Sus constantes viajes lo convirtieron en una de las figuras más reconocidas de las colonias americanas. John Wigger, al comentar su popularidad en la época, dijo: "Era más reconocido cara a cara que cualquier otra persona de su generación, incluidas figuras nacionales como Thomas Jefferson y George Washington".[13]

Asbury era un hombre de gran piedad y conocimiento, y muchos lo recuerdan también como un gran hombre de oración. Incluso en sus constantes viajes y compromisos ministeriales, seguía encontrando tiempo para orar. Se sabe que se levantaba a las cuatro de la mañana y dedicaba dos horas a la oración y la meditación, y que hacía siete pausas durante el día para orar. Fue un líder incansable que dedicó toda su vida al llamado de Cristo en América.

Aunque abandonó la escuela antes de cumplir los doce años, Asbury aprendió por sí mismo a leer latín, griego y hebreo. Cultivó el amor por el aprendizaje entre las demás personas, fundando cinco escuelas y promoviendo la escuela dominical en las iglesias para enseñar a leer y escribir a los niños. Leía mucho sobre diversos temas de su época, a menudo leyendo libros mientras cabalgaba de un lugar a otro, una práctica común de muchos jinetes de circuito metodistas. Algunos han dicho que era uno de los hombres más informados de su época, capaz de conversar sobre cualquier tema.

Al igual que Wesley, Asbury era un maestro del liderazgo organizacional. Creó algo llamado "distrito", un circuito de iglesias al que los predicadores servían de forma rotativa. En los primeros días del metodismo americano, un "jinete de circuito" viajaba de iglesia en iglesia para predicar y ministrar. Esto permitió que existieran iglesias donde antes no habían podido existir. Los jinetes de circuito, como Asbury, se enfrentaron a los rigores de las fronteras lejanas de las colonias y en ocasiones fueron atacados por los nativos americanos. Varios enfrentaron graves enfermedades causadas por la constante exposición a los elementos de la naturaleza. Aunque Asbury estuvo aquejado de mala salud durante gran parte de su vida, continuó con sus viajes, aunque tuviera que atarse a su silla de montar para no caerse del caballo. Una historia cuenta que una vez fue perseguido por lobos, que le seguían esperando que se cayera y muriera. A veces se hace referencia a Asbury como el "obispo americano" del movimiento metodista.

MUJERES LÍDERES

Además de estos hombres, hubo varias mujeres que también se convirtieron en líderes del avivamiento metodista. Aunque la mayoría de los roles de liderazgo en la iglesia estaban cerrados para las mujeres, Wesley y el metodismo primitivo se adelantaron mucho a su tiempo al reconocer los dones de las mujeres y permitirles participar activamente en el ministerio cristiano. Las mujeres sirvieron en diferentes niveles del movimiento. Muchos de los líderes de las clases y de las bandas eran mujeres, algunas de las cuales se dedicaban a predicar y a llevar almas a Cristo. Wesley tomó nota de que Dios estaba usando a las mujeres de esta manera y las alentó, ofreciéndoles capacitación y enseñanza. Mujeres como Sarah Crosby, Mary Bosanquet, Hannah Harrison, Grace Murray y Hester Ann Roe Rogers se encontraban entre los ministros prominentes y no ordenados del metodismo. Fueron ejemplos de piedad, aprendizaje y liderazgo.

Mary Bosanquet se convirtió en la primera mujer predicadora del metodismo. Era una especie de teóloga laica y escribió una carta a Juan Wesley defendiendo el derecho de las mujeres a predicar el evangelio. En su carta argumentaba que la Biblia contenía muchos relatos de mujeres que habían sido llamadas por Dios para ministrar. En parte debido a su carta, Wesley comenzó a reconocer y afirmar el extraordinario llamado de Dios a ciertas mujeres para predicar. En respuesta a la carta de Mary Bosanquet, escribió:

> Creo que la fuerza de su causa descansa en esto: en el *llamado extraordinario* que usted tiene. Estoy tan seguro de esto como de que lo tiene cada uno de nuestros predicadores laicos; de lo contrario, de ninguna manera yo podría aceptar su predicación. Está muy claro para mí que toda esta obra de Dios llamada "metodista" es una *dispensación extraordinaria* de su providencia. Por lo tanto, no me extraña si algunas cosas ocurren en ella las cuales no caben dentro de las reglas comunes de la disciplina.[14]

En 1787, a pesar de la oposición de algunos predicadores masculinos, Wesley autorizó a Sarah Mallet a predicar también, siempre que aceptara mantener la doctrina y la disciplina metodistas. Este fue un paso audaz hacia el pleno reconocimiento de las mujeres como predicadoras, el cual no se produciría hasta mucho después de la muerte de Wesley. Pero no debemos ignorar que las propias opiniones de Wesley sobre las mujeres en el ministerio fueron revolucionarias en su época y, de hecho, lo siguen siendo hoy. Wesley creía que las mujeres tenían los mismos derechos a los mismos puestos y oportunidades que los hombres. En un sermón titulado "Visitando a los enfermos", abordó directamente la igualdad de derechos de las mujeres, diciendo:

> Aquellas de ustedes que tengan la posibilidad, hagan valer el derecho que el Dios de la naturaleza les ha dado. No cedan más a esa vil esclavitud. Ustedes, al igual que los varones, son criaturas racionales. Ustedes, como ellos, fueron hechas a imagen de Dios: son igualmente candidatas a la inmortalidad. Ustedes también son llamadas por Dios, a medida que tengan tiempo, para 'hacer el bien a todos'.[15]

Es importante señalar que el rápido crecimiento del metodismo no habría sido posible sin el trabajo incansable y la abnegación de estas primeras líderes metodistas. Muchas de ellas dieron su vida por la causa de Cristo y por el extendimiento del metodismo. Si miramos a lo largo de los siglos, encontraremos que las mujeres contribuyeron al ministerio de la iglesia de manera significativa, aunque su participación rara vez ha estado libre de controversia. Incluso hoy, muchas iglesias y denominaciones siguen debatiendo el papel de las mujeres en la iglesia. Algunas iglesias ordenan a las mujeres, mientras que otras no lo hacen. Cuando se trata de la ordenación de mujeres, creo que los cristianos deben aceptar el desacuerdo y elegir caminar juntos en amor a pesar de las diferencias de opinión. Como defensor de la ordenación de mujeres, creo que esto proporciona un equilibrio saludable en el que las personas de ambos lados de la discusión pueden formar parte de la misma iglesia y servir a una misión común.[16]

12 REGLAS DE WESLEY PARA LÍDERES

1. Sea diligente, nunca permanezca desocupado ni tampoco ocupado en cosas banales. Nunca pierda el tiempo. Tampoco pase más tiempo del estrictamente necesario en lugar alguno.
2. Sea Serio. Que su lema sea: "Santidad al Señor". Evite toda ligereza como evitaría fuego del infierno, y la risa como si fuera maldecir y blasfemar.
3. No toques a ninguna mujer. Se tan cariñoso como quieras, pero no las toques. No nos dejamos llevar por la costumbre.
4. No piense mal de nadie, salvo que pueda comprobar su falta; de otro modo, debe cuidarse cómo se juzga y suponer siempre lo mejor. Recuerde que el juez siempre debe estar de parte del acusado.
5. No hable mal de nadie. De otro modo, su palabra podría roer como un cáncer. Guarde sus pensamientos en su corazón hasta que pueda verse con la persona a quien le conciernen.
6. Dígale a cada persona lo que usted ve de malo en ella. Hable cuanto antes con ella con claridad. De esta manera usted no se amargará. Apague con rapidez el fuego en su corazón.
7. No haga nada como caballero, dado que usted tiene tanto que ver con ese personaje, como con un director de bailes. Usted es siervo de todos, por lo tanto:
8. No se avergüence de nada excepto del pecado: ni de hachar leña, si el tiempo lo permite, o de sacar

agua; ni de limpiar sus propios zapatos o los de tus vecinos.

9. No acepte dinero de nadie. Si le alimentan cuando tiene hambre o le visten si necesita ropa, eso está bien; pero ni oro ni plata. Que nadie se atreva a decir que nos enriquecemos con el Evangelio.
10. No contraiga deudas sin mi conocimiento.
11. Sea puntual: hágalo todo a la hora exacta; y en general, no modifique nuestras reglas, sino guárdelas, no por ira sino por conciencia.
12. Actúe en todas las cosas no de acuerdo con su voluntad, sino como un hijo del evangelio. Como tal, le corresponde emplear su tiempo de la manera que le indicamos: en parte visitando el rebaño de casa en casa (los enfermos en particular); en parte, en la lectura, meditación y oración, que lo aconsejamos de vez en cuando. Sobre todo, si trabaja con nosotros en la viña de nuestro Señor, es necesario que haga esa parte de la obra que prescribimos en los momentos y lugares que más juzgamos por Su gloria.[17]

Lecciones del liderazgo de Wesley

Como ya hemos señalado, Juan Wesley fue un líder maestro de la organización. Concuerdo con George Hunter, al afirmar: "El día de la sabiduría estratégica de Juan Wesley no ha terminado, porque muchos de sus principios tienen una validez perenne. A medida que se redescubra el 'genio estratégico' de Wesley, éste se convertirá en una de las fuentes estratégicas del movimiento cristiano de cara al siglo XXI" . Al concluir este capítulo, me gustaría ofrecer algunas reflexiones personales sobre el genio del liderazgo de Wesley y cómo se aplican a los hacedores de discípulos y líderes de la iglesia en todas partes.[18]

PRIMERO, MODELE EL CAMINO A TRAVÉS DE SU PROPIO LIDERAZGO

Una de las razones por las que Wesley tuvo un impacto tan duradero en sus seguidores, es que encarnaba lo que enseñaba y encarnaba lo que pedía a los demás que hicieran: un compromiso radical con Cristo y la causa metodista. Su estilo de vida era un ejemplo de lo que predicaba. Steve Addison señala: "Wesley fue capaz de inspirar el compromiso con la causa metodista porque encarnó ese compromiso".[19] Era un verdadero líder del pueblo, viajando miles de millas a caballo, predicando y enseñando a las masas, y aun así encontrando tiempo para reunirse regularmente con líderes de todo el país. Pudieron ver cómo vivía su fe en el mundo real. Para Wesley, no había distinción entre una fe pública y una fe privada. Caminó con sus líderes, oró con ellos, alimentó a los pobres entre ellos. Vivió la vida que buscaba reproducir en las demás personas.

Como líderes, es importante que practiquemos lo que predicamos, porque las personas que estamos capacitando observarán cómo vivimos y seguirán nuestro ejemplo. Es tan importante predicar el evangelio, como lo es también practicarlo diariamente. Wesley sabía que el caminar personal de un líder con Dios es uno de los factores más importantes en su capacidad para desarrollar líderes piadosos. Reproduciremos lo que somos y el mensaje más poderoso que se predica es una vida ardiente por Dios. Así que asegúrese de que la vida que está viviendo sea digna de que otras personas la sigan. Aunque ninguno de nosotros es perfecto, debemos esforzarnos por estar presentes en la vida de las personas que estamos tratando de desarrollar, modelando la manera a través de nuestras vidas y liderazgo.

En la práctica, deberíamos buscar formas de programar tiempo, fuera de las funciones normales de la iglesia, con las personas que queremos discipular. Este tiempo puede incluir momentos para recreación, oración y compartir comidas juntos. Al igual que con cualquier inversión que valga la pena, el discipulado le costará algo. Requerirá un sacrificio de tiempo, energía y sentimientos por el bien de los demás. Creo que esta es una de las razones por las que el discipulado no ocurre mucho en las iglesias de hoy. El costo es alto. Pero este es un precio que debemos pagar si vamos a edificar iglesias saludables y prósperas que sirvan fielmente al Señor.

SEGUNDO, COMIENCE A DESARROLLAR UNA TUBERÍA DE LIDERAZGO

Una tubería de liderazgo es un sistema o estructura intencional que capacita y equipa a las personas para que se conviertan en líderes. Wesley desarrolló su tubería de liderazgo haciendo que la persona comenzara a asistir a las reuniones de clase y progresara gradualmente hasta los niveles más altos de liderazgo en el movimiento metodista. La reunión de clase era donde todo comenzaba, ya que allí se identificaban los dones de la persona y comenzaban a utilizarse en el ministerio hacia los demás. Si una persona era fiel para servir a los demás en la reunión de clase, continuaba su camino a través de la tubería y finalmente se convertía en líder de su propia reunión de clase. Wesley constantemente identificaba, capacitaba y nombraba líderes que mostraban dones para el ministerio y eran fieles en la obra de predicación, enseñanza, evangelismo, o en ayudar con la administración y la mayordomía de las finanzas. Wesley también nombró líderes autóctonos que se criaron en la comunidad local. ¿Quién mejor para ministrar en una reunión de clase que un miembro de esa comunidad?

Los primeros líderes metodistas eran hombres y mujeres piadosos y, a medida que Wesley empoderaba a los líderes no ordenados, el movimiento continuó multiplicándose, creciendo rápidamente en toda Inglaterra. Wesley eligió cuidadosamente a sus líderes, seleccionándolos según los dones que demostraban. Se tomaba su tiempo y era bastante serio al respecto. De manera similar, debemos aprender a ser selectivos con respecto a quién elegimos para discipular. Debemos buscar personas fieles, dispuestas y capaces de progresar y crecer en su discipulado. El discipulado no requiere la obtención de un título o educación en un seminario o universidad bíblica; simplemente requiere obediencia e inversión de tiempo y energía. A menudo, los líderes que necesitamos son hombres y mujeres comunes y corrientes, incluyendo personas que ya están en nuestras iglesias. Uno de los mejores lugares para encontrar nuevos líderes es observar a las mujeres y hombres fieles que dirigen los grupos pequeños de su iglesia. Debemos buscar hombres y mujeres que tengan pasión y hambre por Cristo, porque disposición para responder al llamado de seguir a Jesús es el único requisito para ser discípulos de Jesús.

Como ejemplo contemporáneo de una tubería de liderazgo, una que se asemeja al propio método de Wesley para formar líderes, he aprendido mucho del trabajo de la Iglesia Sea Coast en Mount Pleasant, Carolina del Sur. El pastor Greg Surrat dice: "La mayoría de nuestros pastores provienen de voluntarios de alto rendimiento".[20] Con el fin de proporcionar el máximo desarrollo y empoderamiento a sus voluntarios, Sea Coast ha creado su propia tubería de liderazgo. Al igual que la tubería de Wesley, el proceso comienza con la participación en un grupo pequeño.

Si es fiel, un miembro del grupo puede llegar convertirse en líder de grupo pequeño, ascendiendo al nivel de entrenador de grupo pequeño para otros líderes de grupos pequeños. El crecimiento continúa, lo cual conduce a una transición desde ser un entrenador de grupos pequeños a convertirse en un líder del ministerio, hasta que la persona se convierte en ministro con licencia y, finalmente, en pastor. Para obtener más detalles sobre la Tubería de Liderazgo de Seacoast *(Seacoast Leadership Pipeline),* asegúrese de consultar el Apéndice A.

TERCERO, EMPODERE A LOS DEMÁS SEGÚN SUS DONES

Wesley sabía que cada persona tiene diferentes dones y que esos dones se han dado para diferentes obras del ministerio. Preguntaba a los que se acercaban a él, queriendo predicar: "¿Creen tener los dones y la gracia necesarios para la tarea?" Tras reflexionar y después de consultar con otros, procuraba asignar líderes para que sirvieran de acuerdo con sus dones. La estructura metodista fue diseñada para permitir que las personas con diferentes dones los usen en el lugar apropiado de la organización. D. Michael Henderson señala que "en lugar de tratar de producir líderes, el sistema metodista permitió que la capacidad natural de toda su población se elevara a su máximo potencial".[21] Wesley desarrolló a sus seguidores delegando responsabilidades ministeriales a aquellos que mostraban pasión por el ministerio, y si tenían éxito en la obra que se les encomendaba, se les confiaba aún mayor responsabilidad. Eventualmente los enviaba, dándoles responsabilidades ministeriales con mayores desafíos donde el fracaso era una posibilidad real. Wesley creía que la experiencia práctica era la clave para el crecimiento del liderazgo y fue una parte vital de su plan de estudios de discipulado.

Lamentablemente, algunos líderes de iglesia hoy en día tienen miedo o no están dispuestos a dar a las personas funciones importantes con responsabilidad significativa. Otros no brindan oportunidades de servicio de manera regular. Es posible que un líder que se está capacitando para el ministerio pastoral pase años en las aulas asistiendo a la universidad y al seminario, solo para graduarse con poca o ninguna participación real en el ministerio. La iglesia de hoy necesita replantearse cómo estructurar el ministerio en torno a la misión y cómo delegar y empoderar mejor a las personas según sus dones. ¿Es de extrañar que nuestro discipulado sea a menudo anémico? Muchos seguidores de Cristo hoy en día todavía creen que el trabajo del pastor es hacer todo en la iglesia. Nunca debemos descuidar la importancia de involucrar y empoderar a los laicos en el ministerio.

CUARTO, COMPRENDA LA NECESIDAD DE PROPORCIONAR APOYO CONTINUO

Wesley nunca asignó a personas para una tarea sin proporcionarles algún tipo de apoyo y supervisión continuos. Supervisó a sus líderes y creó estructuras para que informaran sobre el estado de su fe y sus ministerios. Esto brindó a sus líderes la oportunidad de reflexionar y revisar el progreso de su ministerio. Ofreció apoyo adicional al proporcionar oportunidades para que los predicadores y líderes locales se reunieran anualmente y se alentaran mutuamente.

La supervisión y el apoyo son componentes esenciales del desarrollo de liderazgo, especialmente cuando se trata de capacitar a nuevos creyentes. Si bien es importante la delegación del trabajo y el empoderamiento de las personas para que actúen, también debemos estar disponibles para supervisarlas y apoyarlas, asegurándonos de que se mantengan en el camino. Sin una supervisión adecuada, un nuevo líder puede colapsar y desgastarse fácilmente con el primer fracaso. La supervisión es un arte que requiere equilibrar la tensión entre la micro-gestión (vigilar demasiado de cerca y no darles empoderamiento ni libertad) y la falta de supervisión (no estar disponible cuando hay preguntas o se necesita ayuda).

Conclusión

En este capítulo hemos visto que el metodismo se extendió a medida que los líderes no ordenados fueron llamados, capacitados y enviados para proporcionar liderazgo. Este énfasis en el liderazgo laico estimuló el rápido crecimiento del movimiento metodista. Wesley identificó y llamó a líderes apostólicos que guiaron el crecimiento del movimiento y alcanzaron a miles de personas para Cristo. Esto incluyó tanto a hombres como a mujeres, un cambio revolucionario que se apartaba del status quo.

Si bien hay mucho que podemos aprender de Wesley y su liderazgo, quizás lo más importante sea la pasión que compartían por el avance del reino de Dios. El Dr. Robert Coleman es el autor de *Nothing to Do but to Save Souls: John Wesley's Charge to His Preachers*, y me gustaría terminar este capítulo con un desafío de este libro, una palabra que es apropiada para los líderes de la iglesia de hoy:

> Tengo la esperanza de que volver a mirar las raíces del evangelismo wesleyano, aunque sea un breve vistazo, nos haga ver de nuevo esa profunda convicción de la verdad que impulsó a nuestros antepasados a proclamar el evangelio e invitar a "todo el que quiera" a venir a Cristo. Creo que todos nosotros podríamos permitirnos el lujo de dedicar algún tiempo a revisar los valores que nos impulsaron al ministerio.[22]

CAPÍTULO 7

MULTIPLICACIÓN ORGÁNICA

Este avivamiento de religión se ha extendido a tal grado, que ni nosotros ni nuestros antepasados lo habríamos imaginado. ¡Cuán extenso ha sido! Apenas hay una ciudad importante en el reino, donde algunos no hayan sido testigos de ello.

JUAN WESLEY

¿Ha soplado alguna vez la cabeza de un diente de león y visto cómo las semillas se alejaban flotando? Por muy bonitas que parezcan esas pelusas blancas, bailando al viento, no debemos engañarnos pensando que desaparecen de la vista. Esas semillas blancas tienen una misión en la vida: multiplicarse y aumentar mi frustración. Este año, debido a una primavera demasiado lluviosa, mi jardín se vio invadido por una horda de dientes de león. Para derrotar a esas malas hierbas amarillas fue necesario planificar y trabajar duro, porque los dientes de león son muy buenos para lo que están hechos. ¡Un solo diente de león es capaz de producir suficientes semillas para cubrir todo el césped!

La naturaleza puede enseñarnos muchas cosas sobre el funcionamiento del reino de Dios y una de esas lecciones es que todos los seres vivos y saludables se reproducen y multiplican de forma natural. La multiplicación es el objetivo de todo ser vivo y vemos esta verdad confirmada a lo largo de las páginas de la Biblia. Dios creó a la humanidad, los animales y las plantas para que se reprodujeran. Les dijo a Adán y a Eva: "Fructificad y multiplicaos" (Génesis 1:28, RVR). La reproducción es inherente a gran parte del lenguaje agrícola que Jesús utiliza cuando enseña y predica. Utilizó metáforas de la naturaleza y la agricultura para enseñar a sus discípulos lecciones sobre el reino de Dios, y esperaba que sus discípulos reprodujeran lo que les había inculcado en la vida de los demás. Jesús impartió su mensaje y su misión a sus discípulos para que se reprodujeran, esencialmente, e hicieran discípulos de todas las naciones. Este ADN reproductivo es una de las razones por las que la comunidad cristiana primitiva, de varios cientos de personas, se convirtió en un movimiento mundial. El cristianismo, que comenzó con doce discípulos, cuenta ahora con más de 2.100 millones de miembros.

Pero, ¿cómo hemos llegado hasta allí? En Juan 15:1-17, Jesús nos presenta la metáfora de la vid y sus pámpanos. Explica que el objetivo de la vid (que representa a Jesús) y de los pámpanos (que nos representan a nosotros, sus seguidores) es dar fruto. En otras enseñanzas, Jesús deja claro que los cristianos deben trabajar y esperar una cosecha (Mateo 9:37-38; Lucas 10:2). En otras palabras, hay un claro paralelismo entre el trabajo de la agricultura o la jardinería y el trabajo del ministerio. En ambos casos, debemos trabajar de tal manera que nos lleve al resultado esperado: ¡buenos frutos!

Si aplicamos esta analogía a la iglesia de hoy, es un duro recordatorio de que la iglesia no fue creada para ser un fin en sí misma. Más bien, el propósito de la iglesia es reproducirse, dar fruto (discípulos) y cumplir la Gran Comisión. Las iglesias son dinámicas y están vivas, llenas de entusiasmo y energía, cuando se reproducen y dan a luz a nuevos discípulos y multiplican nuevas iglesias. ¿Por qué? Porque al hacerlo, están cumpliendo el propósito que Dios les ha dado. En la iglesia occidental de hoy, necesitamos desesperadamente recuperar esta visión bíblica y encontrar la manera de volver a ser un movimiento de reproducción y de hacer discípulos. Como veremos en este capítulo, el avivamiento wesleyano es un excelente ejemplo de ello. Examinaremos el legado de Wesley, especialmente cómo se extendió el movimiento en Norteamérica, y extraeremos algunas lecciones sobre la multiplicación que son aplicables a la iglesia de hoy.

Los últimos años de Wesley

Quizá usted haya oído decir que el vino mejora con la edad. Creo que lo mismo podría decirse de Juan Wesley, porque parecía ser más productivo en sus últimos años como líder del avivamiento metodista. Una de las marcas de un líder eficaz es su capacidad para preparar una organización que sobreviva a su propio liderazgo. Wesley comprendió esto y trabajó duro para crear una estructura organizativa y un equipo de liderazgo que siguiera prosperando mucho después de su muerte. En lugar de retirarse, los últimos años de Wesley fueron una época de gran productividad en la que trabajó más que nunca para consolidar el movimiento.

Hubo varios acontecimientos importantes en estos últimos años que aseguraron la continuidad del movimiento. A finales de la década de 1770, la Fundición, que había servido como sede del movimiento en Londres, se había quedado pequeña para celebrar reuniones continuas y había una creciente necesidad de encontrar una nueva sede permanente para el metodismo. A partir de esta necesidad, Wesley construyó lo que ahora se conoce como la "Wesley Chapel" (Capilla Wesley) en City Road, que se convirtió en el nuevo centro del movimiento. En abril de 1777, puso los cimientos de la capilla en City Road, y Samuel Tooth, líder de clase y predicador local, supervisó las obras de construcción. Mucho más que una simple casa de predicación, fue la primera capilla metodista en incluir un altar y un comulgatorio, y tenía capacidad para unas mil quinientas personas. La capilla proporcionó un hogar muy necesario para Wesley y los demás predicadores, incluidos sus familiares y sirvientes. Tras la colocación de los cimientos, Wesley predicó un sermón en el que destacó el surgimiento del metodismo y lo relacionó con la "religión primitiva" de la Biblia. Algunos han llamado a la capilla la "Madre del Metodismo Mundial" porque se convirtió en el centro de liderazgo, influencia y actividades metodistas en todo el mundo.

A medida que el movimiento se expandía, el número de predicadores metodistas seguía creciendo y era necesario organizarlos. En 1744, Wesley comenzó a reunirse anualmente con sus predicadores para discutir la doctrina y la disciplina metodista, y para nombrar a los predicadores en varios lugares para el año siguiente. Esta reunión anual se convirtió en precursora de la Conferencia Metodista tal y como la conocemos hoy. La conferencia dio voz a los nuevos líderes en el creciente movimiento y reforzó su apoyo al liderazgo de Wesley al conectarlos con él personalmente. Les dio a estos nuevos líderes un sentido de pertenencia sobre el movimiento y sus propios ministerios. Aunque sólo unos pocos asistieron a la primera conferencia, en el momento de la muerte de Wesley, los asistentes se contaban por cientos.

Aunque el metodismo siguió creciendo y floreciendo en todas las Islas Británicas, no tardó en saltar más allá de las fronteras de Inglaterra, extendiéndose a Irlanda. Luego, en 1760, Robert Strawbridge y su esposa Elizabeth se trasladaron de Irlanda a América y se convirtieron en los primeros pioneros metodistas del Nuevo Mundo. Strawbridge estableció la primera sociedad metodista organizada y un centro de reuniones cerca de Baltimore, Maryland, y bajo el ministerio de Strawbridge, John Evans fue en el primer metodista convertido de América.

Poco después, en 1766, Philip Embury y Barbara Heck (que eran primos y metodistas irlandeses), formaron una clase metodista en la ciudad de Nueva York. Embury se había convertido bajo el ministerio de Wesley y llegó a ser predicador no ordenado en Irlanda. Habiendo visto la necesidad de una sociedad en Nueva York, Heck convenció a Embury para que comenzara a predicar de nuevo. Aunque sólo seis personas asistieron a su primera reunión, pronto se convirtió en una gran casa de reuniones llamada el Aposento Alto.

Tres años más tarde, en 1769, Wesley envió a dos hombres, Richard Boardman y Joseph Pilmore, para que le sirvieran de ayudantes en América en respuesta a una carta de un hombre llamado Thomas Taylor que pedía "un predicador capaz y con experiencia". Dos años más tarde, Wesley envió a dos predicadores más, Richard Wright y Francis Asbury, para ayudar en la obra. En 1773, se enviaron otros dos predicadores: Thomas Rankin y George Shadford.

Luego, en 1778, Wesley estableció las disposiciones para la existencia de un sistema de gobierno estable que prácticamente aseguraría que el movimiento permaneciera intacto después de su muerte. El 28 de febrero de 1787, redactó el Acta de

Declaración, que otorgaba derechos legales a los predicadores de la Conferencia Metodista. El Acta registraba a cien predicadores por su nombre y les otorgaba el derecho de reunirse una vez al año para elegir un presidente y un secretario, nombrar predicadores a los circuitos, admitir candidatos al ministerio y dirigir los asuntos generales de la Conferencia Metodista. La conferencia anual fue también una oportunidad para que los predicadores fueran escuchados, tuvieran comunión entre ellos y compartieran sus triunfos y pruebas del año anterior.

Algunos de los predicadores que no estaban entre los cien iniciales se sintieron inicialmente ofendidos por no haber sido incluidos en la reunión. En respuesta, Wesley argumentó que no podían asistir todos los predicadores porque eso dejaría vacantes muchos de los circuitos. Sin embargo, después de la muerte de Wesley, la conferencia extendió los privilegios del Acta de Declaración a todos los predicadores que estuvieran en plena comunión con la conferencia. El Acta de Declaración proporcionó una estructura y una base duraderas al movimiento metodista al conceder el poder legal de la iglesia a sus predicadores. Incluso hoy en día, la Conferencia Metodista sigue reuniéndose cada año, siguiendo muchos de los patrones y precedentes establecidos por Wesley.

En los primeros años de la actividad misionera metodista en las colonias americanas, a los ministros no ordenados no se les permitía administrar los sacramentos. Esto hizo que los metodistas en América dependieran del clero anglicano para bautizar a sus hijos y servir la Cena del Señor. Sin embargo, ministros laicos como Strawbridge consideraban necesario administrar los sacramentos, aunque no estuvieran oficialmente ordenados. Debido a esta creciente presión para proporcionar una atención espiritual adecuada a su rebaño en América, Wesley decidió a regañadientes comenzar a ordenar predicadores laicos para la obra en América.

El 18 de setiembre de 1784, Wesley ordenó a Richard Whatcoat y Thomas Vasey, y consagró a Thomas Coke, que ya era sacerdote anglicano. Coke y los otros dos hombres fueron enviados a las colonias con instrucciones para organizar la Iglesia Metodista Americana, e instrucciones para ordenar a otros ministros. También se dieron instrucciones para instalar a Coke y Francis Asbury como superintendentes de la nueva iglesia. Whatcoat y Vasey trajeron consigo un libro de oraciones basado en la liturgia anglicana, titulado *El servicio dominical de los Metodistas en Norteamérica.* También trajeron un libro de cantos llamado *Colección de Salmos e Himnos para el Día del Señor.* El servicio dominical incluía un conjunto de veinticuatro declaraciones doctrinales llamadas *"Artículos de Religión"*, que eran una versión simplificada de los treinta y nueve *Artículos de Religión* de la Iglesia Anglicana.

El 24 de diciembre de 1784, los metodistas americanos celebraron la ahora famosa Conferencia de Navidad en la Capilla Lovely Lane de Baltimore, Maryland. Esta reunión condujo a la organización de una iglesia completamente nueva: La Iglesia Metodista Episcopal en América. Asbury y Coke fueron reelegidos por unanimidad como superintendentes por los predicadores reunidos y varios predicadores recibieron la ordenación, lo que les permitió administrar los sacramentos. La iglesia recién formada también añadió un artículo a sus registros que reconocía a los Estados Unidos de América como una nación soberana e independiente. Los asistentes a la conferencia aprobaron una moción que prohibía a los metodistas participar en el comercio de esclavos, una decisión que más tarde provocaría la división de la iglesia. Además, añadieron varias normas doctrinales, entre ellas los *Sermones normativos* de Juan Wesley y sus *Notas al Nuevo Testamento.* La Conferencia de Navidad marcó la organización oficial de la Iglesia Metodista americana, que desde entonces se ha convertido en numerosas denominaciones metodistas. La conferencia también marcó el inicio de las normas doctrinales y la disciplina de la recién formada iglesia, que siguen siendo guías importantes para el metodismo estadounidense en la actualidad.

Para entonces, Wesley había logrado muchos de sus objetivos para el movimiento. Había consolidado a los metodistas británicos y americanos, y les había concedido la autoridad legal que necesitaban para existir después de su muerte. Había visto cómo el movimiento se extendía por las Islas Británicas y por Norteamérica en un periodo de tiempo relativamente corto. Había visto a cientos de miles de almas venir a Cristo como resultado de sus esfuerzos ministeriales. Había creado un sistema de reuniones de clase que aseguraba que sus seguidores siguieran creciendo en la fe. Además, había fundado varias instituciones educativas, dejando varias obras escritas que debían servir de base para la doctrina y la disciplina de su movimiento.

Dios con nosotros

Hacia el final de su vida, murieron muchos de los asistentes y amigos cercanos de Wesley, incluido su hermano Carlos. A pesar de estas dolorosas pérdidas, Wesley estaba decidido a continuar la obra del ministerio hasta el final de su vida. Comentó que no quería ser inútil y continuó viajando, predicando y supervisando el movimiento metodista. Esta cita deja entrever la agudeza mental y el ingenio que Wesley aún poseía a la edad de ochenta y cinco años:

> En este día cumplo mis ochenta y cinco años. ¡Y qué motivo tengo para alabar a Dios, más que mil bendiciones espirituales, así como también físicas! ¡Qué poco he sufrido todavía,

> por la premura de tantos años! Es cierto, no soy tan ágil como en tiempos pasados: no corro ni camino tan rápido como lo hacía. Mi vista está un poco deteriorada. Mi ojo izquierdo está oscurecido y apenas me sirve para leer ... También encuentro cierta decadencia en mi memoria, con respecto a los nombres y cosas del pasado reciente; pero nada con respecto a lo que he leído u oído hace veinte, cuarenta o sesenta años.[1]

Wesley continuó predicando y viajando según lo planeado hasta el final de su vida en febrero de 1791. Su último sermón fue a un pequeño grupo en Leatherhead, titulado "Buscad al Señor mientras puede ser hallado, llamadle mientras está cercano". Al día siguiente, con su mente tan aguda como siempre, escribió una carta a William Wilberforce, exhortándolo a permanecer firme en sus esfuerzos contra la esclavitud. Hacia el final del mes, Wesley se puso muy enfermo y regresó a City Road para prepararse para su muerte. Amigos y familiares fueron llamados para darle su último adiós. La noche de su muerte, se le escuchó susurrar débilmente: "Alabaré, alabaré". Luego dijo: "Lo mejor de todo es que Dios está con nosotros". Estas fueron sus últimas palabras. Luego guardó silencio, falleciendo a la mañana siguiente, el 2 de marzo de 1791. Tenía ochenta y ocho años. Lo enterraron en el cementerio de su capilla en City Road en Londres y cerca de diez mil personas asistieron a su funeral.

La verdadera prueba de un líder no es cómo comienza la carrera, sino cómo la termina, y se puede decir que Wesley la terminó bien. Sus últimos años fueron un período en el que trabajó incansablemente para fortalecer y consolidar los avances del avivamiento metodista. Las estructuras organizativas y el equipo de liderazgo del que fue pionero perdurarían mucho después de su muerte. Una marca de un gran líder —y se necesita un gran líder para que se produzcan los movimientos— es su capacidad para garantizar que la organización le sobrevivirá. Uno de los mejores testimonios de este hecho es que ya han pasado más de trescientos años desde el nacimiento de Wesley y su legado todavía se siente en todo el mundo. Al considerar la vida de Wesley, debemos preguntarnos como líderes: *¿Qué le dejaré al mundo cuando muera?* El desafío de Wesley para nosotros hoy es claro: "No importa cuánto tiempo vivamos, sino qué tan bien lo hagamos".

Para que un movimiento sobreviva y se multiplique, debe durar más que sus líderes fundadores. Jesús nos sirvió de modelo al capacitar a los apóstoles quienes, a su vez, dirigieran el movimiento después de su muerte y resurrección. Sabiendo que no estaría físicamente presente a medida que se extendía el movimiento, preparó a hombres y mujeres que llevarían su mensaje y visión desde Jerusalén hasta los confines de la tierra. En el libro de los Hechos, vemos la explosión de este movimiento de multiplicación bajo el liderazgo de los apóstoles. De manera similar, el legado de Wesley no fue visible durante su vida. Gran parte del crecimiento del movimiento se produjo después de su muerte. Hoy, casi ochenta millones de cristianos en todo el mundo son parte de la amplia tradición wesleyana. Otros incontables millones de personas han sido influenciadas por las enseñanzas de Wesley y su énfasis en el discipulado, los grupos pequeños, el ministerio laico y la predicación innovadora.

El legado duradero de Wesley

El metodismo pasó milagrosamente de ser un puñado de estudiantes en el Oxford College en 1726 a tener miles de seguidores al momento de la muerte de Wesley en 1791. Y tras la muerte de Wesley, los metodistas británicos tomaron medidas para independizarse totalmente de la Iglesia de Inglaterra. En 1836, los predicadores metodistas recibieron la ordenación completa, con lo que la separación de la Iglesia de Inglaterra fue total. En 1848, el número de miembros en Gran Bretaña había aumentado a 338.861 y en Irlanda a 23.842. Con el paso de los años, el desarrollo y el crecimiento del metodismo británico progresaron, y hoy, como resultado de los alcances misioneros del metodismo británico, hay conferencias metodistas en todo el mundo. En el Pacífico, hay conferencias independientes en Australia, Nueva Zelanda y Tonga. El metodismo en las Indias Occidentales se asocia con Thomas Coke, que deseaba llevar el metodismo a Oriente, pero murió en el mar de camino a Ceilán (la actual Sri Lanka) en 1814. Sus compañeros de ministerio establecieron la obra en Ceilán, que se extendió a la India. En 1811, Sierra Leona se convirtió en el lugar de la primera obra metodista en África Occidental, y en Sudáfrica el metodismo tiene una conferencia independiente, que se estableció en 1882. Las misiones también llegaron a Birmania (hoy conocida como Myanmar) y China a finales del siglo XIX. En la actualidad, el metodismo británico cuenta con unos 1,2 millones de miembros en sus distintas iglesias. Además, el movimiento metodista británico ha dado origen a otras numerosas denominaciones internacionales, que hoy suman más de 40 millones de personas.

LAS IGLESIAS METODISTAS AFROAMERICANAS

Los primeros metodistas acogieron la diversidad, lo que dio lugar a la Iglesia Metodista Episcopal Africana, que comenzó en 1787 en Filadelfia bajo el liderazgo de un ministro negro llamado Richard Allen, un antiguo esclavo. Allen se convirtió a la edad de diecisiete años bajo la predicación metodista y, en 1781, comenzó a predicar en los circuitos metodistas de Delaware y los estados circundantes. En 1786, regresó a Filadelfia y se unió a la Iglesia Metodista de

San Jorge, donde ayudó a dirigir un servicio de oración que atrajo a docenas de personas negras a la iglesia.

Lamentablemente, las tensiones raciales aumentaron. Durante un servicio de oración, un grupo de personas negras se sentó en un banco que había sido reservado para personas blancas, y mientras se arrodillaban y oraban, fueron levantados de sus rodillas y se les ordenó sentarse en su propia área. Cuando terminaron de orar, los cristianos negros salieron de la iglesia y juraron no volver jamás. Allen y otros pensaron que era el momento de formar una iglesia independiente para las personas negras. Sin embargo, aunque Allen quería que los cristianos negros tuvieran su propio lugar de culto, no quería abandonar el metodismo, diciendo: "Los metodistas fueron los primeros que llevaron buenas noticias a la gente de color. Me siento agradecido por haber escuchado en una ocasión a un metodista predicar. Estamos en deuda con los metodistas, bajo Dios, por la luz del evangelio que disfrutamos; porque todas las demás denominaciones predicaban tan alto que no éramos capaces de comprender su doctrina".[2]

Allen acabó comprando una vieja herrería y la utilizó como casa de culto. La iglesia se organizó formalmente en 1816 bajo su liderazgo. El obispo Francis Asbury dedicó el edificio y posteriormente ordenó a Allen. Sin embargo, a pesar de los esfuerzos por mantener la iglesia como parte de la Iglesia Metodista, los delegados de varias iglesias metodistas negras redactaron su propio "Pacto Eclesiástico", uniéndolas como su propia denominación, la Iglesia Metodista Episcopal Afroamericana (AME, por sus siglas en inglés).

La Iglesia AME creció rápidamente hasta tener 7.500 miembros en la década de 1820 y acabaría convirtiéndose en una de las mayores iglesias metodistas de Estados Unidos, con casi 3,3 millones de miembros en 7.200 iglesias. Pero no es la única denominación metodista negra. La Iglesia Metodista Africana Episcopal de Sión data de 1796. Fue organizada por un grupo que protestaba contra la discriminación racial en Nueva York. La primera iglesia del grupo, llamada Sión, se construyó en 1800. La Iglesia AME Sión celebró su primera conferencia anual en 1821, y James Varick fue elegido primer obispo. La iglesia se extendió rápidamente por los estados del norte, creciendo rápidamente durante la década de 1860. En la actualidad, sus miembros son casi 1,2 millones de personas en 3.000 iglesias de todo el mundo.

RESULTADO DEL MOVIMIENTO WESLEYANO DE SANTIDAD

Otros grupos se formaron a partir de la iglesia metodista. Durante el siglo XIX surgieron varias iglesias que compartían las mismas raíces wesleyanas, como la Iglesia de Dios (Anderson, Indiana), la Iglesia del Nazareno, la Iglesia de Dios (Santidad), el Ejército de Salvación, la Iglesia Wesleyana y la Iglesia Metodista Libre. Todas ellas se separaron o surgieron del Movimiento Wesleyano de Santidad del siglo XIX. Estas "iglesias de santidad" ponían un fuerte énfasis en la doctrina de Wesley sobre la santificación y estaban ligeramente unidas por la membresía a la Asociación de Santidad Cristiana, fundada por un grupo de ministros después de la Guerra Civil para promover la santidad cristiana.

Como mencioné en un capítulo anterior, el movimiento pentecostal, que comenzó a principios del siglo XX, desciende en parte del movimiento wesleyano de santidad. Se ha investigado mucho para mostrar las conexiones entre el movimiento wesleyano de santidad y el pentecostalismo. Algunos incluso se han referido a Juan Wesley como el abuelo del pentecostalismo.[3] En la actualidad, el pentecostalismo es el movimiento cristiano más grande y de más rápido crecimiento en el mundo.

La expansión del wesleyanismo

Al concluir nuestra reseña del legado duradero de Wesley y esta breve mirada a algunos de los movimientos que surgieron del metodismo, es útil considerar varias de las razones por las que el avivamiento metodista se extendió tan amplia y prolíficamente como lo hizo en tan poco tiempo.

PRIMERO, WESLEY TENÍA UNA VISIÓN AUDAZ PARA LA EXPANSIÓN DEL EVANGELIO

Juan Wesley tuvo una visión clara e intencional de expandir y multiplicar el cristianismo a través del movimiento metodista. En una Conferencia Metodista se le preguntó: "¿Cuál podemos creer razonablemente que es el designio de Dios al levantar a los Predicadores llamados Metodistas?" La respuesta de Wesley fue la siguiente: "Reformar la nación, particularmente la iglesia, y propagar la santidad bíblica sobre la tierra".[4] Esta visión de "propagar la santidad … sobre la tierra" dio a los metodistas de Wesley una identidad y misión distintivas. Mientras que otras tradiciones pueden tener sus raíces en sistemas confesionales o teológicos, el movimiento metodista era conscientemente evangelizador y misionero, enfocado en la predicación del mensaje del evangelio para transformar la vida de las personas.

En las cartas, sermones y diarios de Wesley se puede encontrar un lenguaje de multiplicación similar. Al escribir sobre el avivamiento wesleyano, a menudo utilizaba palabras como "propagación", "aumento" y "avance" para describir el crecimiento y los objetivos del metodismo. Una de las convicciones que impulsó su visión de la multiplicación fue la creencia de Wesley de que el crecimiento del metodismo era una obra soberana del Espíritu Santo. En una ocasión declaró: "Para mí está claro que toda la obra de Dios denominada metodismo es una extraordinaria dispensación de su providencia".5 Varios de los sermones de Wesley articulan su visión de la propagación global del avivamiento metodista. En los sermones *"On Laying the Foundation of the New Chapel"* (1777) y *"The Late Work of God in North America"* (1778), Wesley describió la progresión en la que el metodismo se extendió por Norteamérica y las Islas Británicas. Está claro que creía que el Espíritu de Dios estaba realizando una obra extraordinaria a través del avivamiento metodista en América e Inglaterra, y lo asociaba con la "gloria del día postrero", una referencia a la expectativa de la segunda venida de Cristo. Su enfoque fue más allá de las fronteras de Inglaterra y América, hacia una visión global de la salvación.

Este énfasis en una obra universal o global del Espíritu se hace aún más evidente en su sermón "La expansión del mensaje del Evangelio" (1783). En él, Wesley no sólo reconoció la obra de Dios en Gran Bretaña, Irlanda y América, sino que también afirmó que creía que se extendería por todo el mundo, especulando:

> Es probable que de estos lugares se extienda a los protestantes en Francia, en Alemania, y en Suiza. Luego a Suecia, Dinamarca, Rusia, y a todas las demás naciones protestantes de Europa. Es posible creer que esta misma levadura de una religión pura y sin contaminación, de un conocimiento y un amor vivenciales de Dios, de una santidad interior y exterior, se extenderá a los católicos romanos en Gran Bretaña, Irlanda y Holanda; en Alemania, Francia y Suiza; ... Desde allí podría difundirse, gradualmente, hasta alcanzar a todos quienes nombran el nombre de Cristo en diversas provincias de Turquía, en Abisinia, y en los lugares más remotos no sólo de Europa, sino de Asia, África y América. Podemos razonablemente creer que en toda nación bajo el cielo Dios seguirá el mismo orden que ha utilizado desde los comienzos del cristianismo.[6]

La visión universal de multiplicación que tenía Wesley incluía a personas de todos los países y de todas las partes del mundo. En un sermón titulado "Los signos de los tiempos" (1787), Wesley continuó describiendo su comprensión de la creciente expansión del metodismo, comparando y contrastando las diferencias entre la antigua religión (de la iglesia institucional) y la gloria del día postrero, que estaba marcada por una "obra extraordinaria de Dios". Pidió a los cristianos que discernieran los signos de los tiempos, señalando que los sabios de este mundo, las personas encumbradas, los personas educadas y famosas, no pueden hacerlo.[7] ¿Qué quería decir Wesley con "los signos de los tiempos"? Wesley creía que la obra de Dios se caracterizaría por la expansión universal del evangelio, que iría acompañada de:

> … la santidad interior y exterior … o, en términos de San Pablo, justicia, paz y gozo en el Espíritu Santo, se ha extendido por todas partes. En varias partes de Europa, especialmente en Inglaterra, Escocia e Irlanda; en las islas; en el norte y sur, desde Georgia hasta Nueva Inglaterra y Terranova, los pecadores se han convertido verdaderamente al Señor, experimentando un cambio profundo en su corazón y en su vida. Ya no se cuentan por docenas, o cientos, ¡sino por millares, por decenas de millares![8]

El rápido éxito y la expansión del evangelio fueron signos convincentes de los tiempos para Wesley. No sólo se predicó el evangelio, sino que dio lugar a auténticos convertidos que no sólo eran cristianos de nombre (como en tiempos pasados), sino que experimentaron "un cambio profundo en su corazón y en su vida". El resultado fue la santidad interior y exterior. El fruto del Espíritu autentificaba la experiencia de conversión genuina de los recién convertidos y contribuía a la expansión del evangelio.

En otras palabras, el verdadero cristianismo se consideraba *contagioso.* Wesley atribuyó esta naturaleza contagiosa a la obra extraordinaria del Espíritu Santo en la vida de las personas: "¡Qué obra tan rápida, tan profunda, tan extensa, hemos visto en este tiempo! Y ciertamente no se logró con ejército, ni con fuerza, sino con el Espíritu del Señor".[9] Para Wesley, existía una clara conexión entre la forma en que el Espíritu obra en la salvación personal y la mayor expansión del cristianismo. La visión de Wesley sobre la multiplicación comprendía ciertamente la transformación personal, individual, pero también incluía una perspectiva más amplia, mundial, en la que preveía una mayor expansión del movimiento metodista.

Wesley defendió el crecimiento del metodismo diciendo: "¿Cuándo la religión (cristiana) ha hecho tal progreso en cualquier nación en tan pequeño espacio, y me refiero no solo al tiempo desde la Reforma, sino desde Constantino el Grande?"[10] De hecho, es difícil pensar en otros movimientos que hayan tenido un avance tan amplio en un periodo de tiempo tan corto. Haciéndose eco de Wesley, David Hempton dice: "El surgimiento del metodismo fue el desarrollo religioso protestante más importante desde la Reforma".[11] Al considerar nuestro propio contexto hoy y tratar de aprender de lo que ha ocurrido en el pasado, Wesley nos recuerda que, si queremos ver un movimiento similar en nuestros días, debe comenzar con una visión grandiosa, bíblicamente inspirada, para la expansión del cristianismo a las naciones.

SEGUNDO, WESLEY TENÍA UNA ESTRATEGIA INTENCIONAL PARA LA MULTIPLICACIÓN

Como vimos anteriormente, Wesley era un maestro organizador y tenía una estrategia intencional para la multiplicación del movimiento metodista que reproducía todo: discípulos, líderes, bandas, reuniones de clase, sociedades, circuitos y conferencias.

Comentando la estrategia intencional de Wesley para la multiplicación, George Hunter III escribe: "Tuvo un papel decisivo en la creación de muchos cientos de clases, bandas, sociedades y otros grupos con agendas distintas, y trabajó para desarrollar los líderes laicos autóctonos que esta creciente y vasta red de grupos necesitaría".[12] Como resultado de esta estrategia intencional para la multiplicación, el movimiento metodista continuó extendiéndose rápidamente en todas las Islas Británicas y Norteamérica. En su *Breve historia del pueblo llamado metodista*, Wesley escribe claramente sobre su estrategia de multiplicación:

> Unos ciento treinta compañeros colaboradores están continuamente ocupados en esto mismo. Todos tenemos un propósito (desde la primera vez que nos comprometimos en esta tarea): no por ganancias ni por vida tranquila, ni por placer ni para recibir halagos; sino para extender la religión verdadera por Londres, Dublín, Edimburgo, y dentro de lo que nos sea posible, por los tres reinos.[13]

Wesley no buscaba el crecimiento por el crecimiento mismo, sino para tener un impacto duradero en la vida de las personas y dejar comunidades transformadas. La "mejor manera de extender el evangelio", concluyó Wesley, era "ir un poco más lejos de Londres, Bristol, St. Ives, New Castle, o de cualquier otra Sociedad. Así un poco de levadura se extendería con más efecto y menos ruido, y la ayuda estaría siempre a mano".[14] El enfoque de Wesley estaba en este método lento y constante: no cultivar grandes iglesias, sino levantar discípulos que hicieran discípulos, extendiendo lenta y estratégicamente la comunidad cristiana intencional a través de bandas estructuradas, reuniones de clase y sociedades. Todas estas instancias conectaban las vidas de las personas en un ecosistema holístico de discipulado.

Además, aunque Wesley no pretendía un crecimiento rápido, bajo su supervisión, el metodismo creció de forma constante y gradual, convirtiéndose finalmente en uno de los movimientos de más rápido crecimiento que ha visto el mundo occidental. Este es el poder de la multiplicación exponencial. Para 1768, después de treinta años de multiplicación, el metodismo tenía 40 circuitos y 27.341 miembros. Diez años después, ese número había aumentado a 60 circuitos y 40.089 miembros. En otra década más, había 99 circuitos y 66.375 miembros. Y para 1798, siete años después de la muerte de Wesley, los números habían aumentado a 149 circuitos y 101.712 miembros. Howard Snyder comenta: "¡De esto están hechos los gráficos de crecimiento de la iglesia! Sin embargo, el crecimiento fue gradual y comedido, no explosivo ni dramático, porque Wesley estaba formando discípulos en lugar de buscar números impresionantes".[15]

PERFIL

Movimientos globales de plantación de iglesias

Los movimientos de plantación de iglesias están ocurriendo en todo el mundo, cambiando países enteros con el evangelio de Jesucristo. David Garrison es uno de los principales expertos en esta área y define un movimiento de plantación de iglesias como "el aumento vertiginoso y por multiplicación exponencial de iglesias autóctonas que plantan iglesias en un grupo étnico o un segmento de población". Garrison se desempeñó como vicepresidente adjunto de estrategia global de la Junta Misionera Internacional de los Bautistas del Sur (JMI) durante cinco años y estudió el alcance de las misiones en más de 180 países. Con la ayuda del departamento de investigación global de la JMI, Garrison pudo realizar estudios en profundidad de algunos de los movimientos cristianos de más rápido crecimiento en el mundo. En su libro, *Movimientos de plantación de Iglesias: Cómo Dios está redimiendo al mundo perdido,* estudia más de dos docenas de movimientos de iglesias multiplicadoras en cinco continentes.

Considere los siguientes ejemplos de su investigación.

Un movimiento de plantación de iglesias entre el pueblo Bhojpuri de la India dio como resultado más de 4.000 nuevas iglesias y unos 300.000 nuevos creyentes.

Un movimiento de plantación de iglesias en Mongolia Exterior produjo más de 10.000 convertidos, mientras que un movimiento posterior en Mongolia Interior dio lugar a unos 50.000 nuevos creyentes.

Un movimiento de plantación de iglesias en un país latinoamericano aumentó el número total de iglesias de 129 a más de 2.600 en una década, un incremento de más del 1.900%.

Un movimiento de plantación de iglesias en una provincia del norte de China produjo 20.000 nuevos creyentes y 500 nuevas iglesias plantadas en menos de cinco años.

Los cristianos chinos del condado de Qing'an, en la provincia de Heilong-jiang, plantaron 236 nuevas iglesias en un solo mes.

En el sur de China, un movimiento de plantación de iglesias produjo más de 90.000 creyentes bautizados en 920 iglesias en casas en ocho años.

En 2002, un movimiento de plantación de iglesias produjo 15.000 nuevas iglesias y 160.000 creyentes bautizados en un solo año.

Luego de presentar estos casos de estudio, Garrison identifica diez elementos universales presentes en cada movimiento:

1. *Oración.* La oración en nuestra vida personal y corporativa que tiene mucha vitalidad, lleva a la imitación.
2. *La siembra abundante del evangelio.* En los movimientos de plantación de iglesias, cientos y hasta miles de personas escuchan la proclamación de Jesucristo para sus vidas.
3. *La plantación intencional de iglesias.* En cada movimiento de plantación de iglesias, alguien implementó una estrategia de plantación de iglesias deliberada antes de que despegara el movimiento.
4. *La autoridad de las Sagradas Escrituras.* La Biblia se tradujo casi siempre a la lengua del pueblo.
5. *El liderazgo local.* Los misioneros deben tener la auto disciplina que se requiere para ser mentores de los plantadores de iglesias en vez de hacerlo ellos mismos.

6. *El liderazgo laico.* Los movimientos de plantación de iglesias son impulsados por los líderes laicos y bi-vocacionales. Esta dependencia del liderazgo laico asegura una gran fuente de plantadores de iglesias potenciales y de líderes de iglesias en las casas.
7. *Las iglesias célula o iglesias en las casas.* Los edificios para iglesias figuran en algunos movimientos de plantación de iglesias. Sin embargo, en la mayoría de los casos las iglesias siguen siendo iglesias célula pequeñas y reproducibles de 10 a 30 personas que se reúnen en hogares o en pequeños locales comerciales.
8. *Las iglesias sembrando iglesias.* En la mayoría de los movimientos de plantación de iglesias, las primeras iglesias fueron sembradas por misioneros. En algún momento, sin embargo, los movimientos entraron en una fase de multiplicación exponencial en que las iglesias mismas comenzaron a plantar otras iglesias.
9. *La reproducción rápida.* Cuando se produce una reproducción rápida, uno puede estar seguro de que las iglesias no están siendo ahogadas por elementos no esenciales y los laicos están plenamente capacitados para participar en esta obra de Dios.
10. *Las iglesias saludables.* Muchas de las iglesias involucradas en los movimientos de plantación de iglesias demuestran marcas vitales de ser iglesias saludables.[16]

La extensión del metodismo estadounidense

La asombrosa extensión del metodismo en los Estados Unidos no se produjo plenamente hasta después de la muerte de Wesley. Bajo el liderazgo de Francis Asbury, el metodismo estadounidense pasó de tener unos pocos miles de adeptos a convertirse en la mayor denominación del país, superando incluso en tamaño a su rival más cercano, los bautistas, en un veinte por ciento. El metodismo estadounidense tenía tantos miembros como los episcopales, los congregacionalistas y los presbiterianos juntos. Cuando Asbury llegó a Estados Unidos en 1784, había unos pocos cientos de metodistas en América. En el momento de su muerte, en 1816, había más de doscientos mil metodistas estadounidenses.[17] Cincuenta años después de que el metodismo llegara a América, más de una cuarta parte de todos los cristianos profesantes en los Estados Unidos pertenecían a la Iglesia Metodista Episcopal, y el porcentaje de metodistas siguió creciendo en la misma proporción hasta finales del siglo XIX. En 1908, el metodismo contaba con casi nueve millones de miembros y al menos cuatro veces más adeptos. Había 150 mil ministros y predicadores laicos, y miles de escuelas, seminarios y colegios en todo el mundo. De 1880 a 1905, el metodismo estadounidense plantó un promedio de más de setecientas iglesias por año. ¡Es una historia asombrosa de crecimiento de la iglesia!

El crecimiento del metodismo en Norteamérica eclipsó el crecimiento del metodismo en Inglaterra y otras partes del mundo. Como señalaron Roger Finke y Rodney Starke: "el metodismo en Gran Bretaña se tambaleó mientras el metodismo estadounidense se disparó. Mientras los metodistas de Gran Bretaña luchaban por seguir el ritmo del crecimiento de la población, el porcentaje de metodistas en los Estados Unidos seguía aumentando".[18] Hay varias razones para ello, pero una de las principales fue el espíritu pionero del metodismo estadounidense que le permitió florecer como un movimiento de base en la frontera abierta. El celo misionero y la pasión por las almas se mantuvieron en el corazón del movimiento. Los primeros metodistas estadounidenses viajaron a través de nuevas y peligrosas fronteras y territorios inexplorados para llegar a las personas con el evangelio de Jesucristo. Sus jinetes de circuito desafiaron los rigores de la frontera salvaje, enfrentando hambre, mal tiempo, ataques y enfermedades. Muchos de ellos no pasaban de los treinta años. Considere el relato del pionero metodista Freeborn Garrettson, cuyas palabras demuestran el sacrificio, el compromiso y la dedicación que tenían los primeros jinetes de circuito metodistas para alcanzar almas para Cristo:

> Atravesé las montañas y los valles, a menudo a pie, con mi mochila a la espalda, guiado por los caminos de los indios en el desierto, cuando no era conveniente llevar un caballo. A menudo tenía que cabalgar a través de lodazales, medio hundido en el barro y el agua, satisfaciendo mi hambre con un trozo de pan y carne de cerdo de mi mochila, saciando mi sed en un arroyo, y descansando mis agotadas extremidades en las hojas de los árboles. ¡Gracias a Dios! Él me compensó por mi esfuerzo, pues muchas almas preciosas fueron despertadas y convertidas a Dios.[19]

Al igual que Wesley antes que él, Francis Asbury encarnó este legado misionero para los metodistas estadounidenses y llegó a ser conocido como el "Obispo de los Estados Unidos". Después de cuarenta años de ministerio, escribió en 1815: "Los predicadores metodistas, que habían sido enviados por Juan Wesley a América, vinieron como misioneros y ahora, he aquí las consecuencias de esta misión. Tenemos setecientos predicadores itinerantes y tres mil predicadores locales, que no nos cuestan nada. No renunciaremos a la causa, no dejaremos el mundo a los infieles".[20]

Conclusión

Gracias a la visión original de Wesley de extender el evangelio por todo el mundo y al trabajo y la dedicación de Francis Asbury, el metodismo se convirtió en uno de los movimientos más dinámicos de toda la historia de la Iglesia. La influencia del metodismo fue mucho más allá de la Iglesia Metodista e influyó en muchos otros movimientos religiosos de América del Norte y de todo el mundo. Al comentar la influencia duradera del movimiento, John Wigger escribió: "La teología, el estilo de culto y el sistema de disciplina del metodismo se introdujeron profundamente en el tejido de la vida estadounidense, influyendo en casi todos los demás movimientos religiosos de masas que le seguirían, así como en muchas facetas de la vida estadounidense no relacionadas directamente con la iglesia".[21] Quizás más que cualquier otra denominación cristiana en Occidente, el metodismo será recordado como un movimiento de multiplicación, que extendió el evangelio desde Inglaterra al mundo.

El avivamiento wesleyano surgió de una visión valiente para extender y multiplicar el evangelio a través de discípulos, líderes, bandas, reuniones de clase e iglesias, y luego se convirtió en un fenómeno mundial. Lo que la iglesia necesita ahora es una visión similar de multiplicación para combatir su rápido declive en Occidente. Creo que Occidente puede volver a ver un movimiento si acogemos la visión, el espíritu y el sacrificio que impulsaron a Juan Wesley, Francisco Asbury y los primeros metodistas. La multiplicación orgánica es parte de nuestra herencia cristiana y puede ser parte de la iglesia hoy, si estamos dispuestos a reclamarla.

Como hemos visto, los movimientos de avivamiento no son la creación de los seres humanos, sino la obra de Dios que se mueve en y a través de su iglesia en todo el mundo. La buena noticia es que Dios no se ha olvidado de la iglesia occidental y hay signos de esperanza que surgen en todo Estados Unidos y Gran Bretaña. Está ocurriendo a nuestro alrededor: en las casas de las personas, en las cafeterías y quizás en la esquina de su calle.

CAPÍTULO 8

LOS MOVIMIENTOS PUEDEN SER DESORDENADOS

Si bien necesitamos el pasado, no debemos dejarnos aprisionar por él ni permitir que se convierta en un ídolo.

ESTHER DE WAAL

Después de leer sobre el crecimiento rápido del movimiento metodista, uno podría estar tentado a pensar que fue un movimiento perfecto. Sin embargo, como dije en la introducción, los movimientos son desordenados y el metodismo primitivo no fue una excepción. Tendemos a aprender más de nuestros errores que de nuestros éxitos, por lo que resulta beneficioso considerar algunos de los defectos del avivamiento wesleyano. Podemos aprender lecciones vitales de las debilidades del movimiento, así como de sus fortalezas.

La vida personal de Wesley

Aunque Juan Wesley era muy respetado como un líder cuya vida estaba marcada por la piedad personal y la oración, su matrimonio fue, a todas luces, un desastre. En 1748, Wesley pretendía casarse con Grace Murray, una viuda metodista que había sido anteriormente ama de llaves y era considerablemente más joven que él. Carlos Wesley no aprobó la relación porque consideraba que Grace no era la mujer adecuada para Wesley. Carlos la convenció para que se casara con otro predicador metodista llamado John Bennet. No hace falta decir que Wesley estaba muy disgustado por el asunto. El suceso fue un escándalo y provocó una división entre los dos hermanos.

En respuesta, Wesley se casó apresuradamente con Mary Vazeille en febrero de 1751. Ella era una viuda rica, pero tras varios años de matrimonio, empezaron a tener serios problemas. Wesley dedicaba la mayor parte de su tiempo y atención a promover la extensión del metodismo, y Mary se puso celosa de su incansable trabajo y de su estrecha amistad con ciertas mujeres metodistas. Puede que sus celos no fueran del todo infundados. Wesley trabajaba día y noche y tenía poco tiempo para una esposa ama de casa. Wesley y Mary se separaron en varias ocasiones y, quizá lo más sorprendente de todo, cuando ella murió, él estaba fuera de la ciudad. Ni siquiera asistió a su funeral.

Esta es una de las áreas de la vida de Wesley que debe ser examinada e incluso criticada. Es cierto que debemos reconocer que la enorme exigencia del trabajo apostólico de Wesley habría puesto a prueba a cualquier matrimonio. Sin embargo, también es interesante observar que alguien que parecía tener tanto éxito, ser tan piadoso y respetado, tenía un rincón oscuro en su vida. No se trata de poner en duda la sinceridad o la espiritualidad de Wesley, sino de recordar que las personas son falibles y los movimientos son complejos, pero a pesar de esas complejidades, Dios es fiel y se sirve de personas imperfectas.

División y falta de unidad

El metodismo no siempre fue un movimiento unificado y, durante sus primeros años, surgieron dos bandos del avivamiento en Oxford, uno calvinista y otro arminiano. George Whitefield era el líder del ala calvinista, y él y sus seguidores abrazaron un conjunto de doctrinas desarrolladas por los seguidores del reformador Juan Calvino. Estas enseñanzas enfatizaban que toda la humanidad es depravada, que existe una elección incondicional para los salvos, que la expiación se limita a los elegidos, que la gracia de Dios es irresistible y que los santos perseverarán hasta el final. Estos puntos de vista entraban en conflicto con la doctrina de Wesley sobre la gracia gratuita, que enseñaba que la salvación estaba disponible para todos los hombres y mujeres, no sólo para los elegidos.[1] Wesley dejó claro que su enseñanza no era una aprobación de ningún bien inherente a la humanidad; más bien, era una afirmación de que la gracia salvadora de Dios se extiende a todas las personas, permitiéndoles elegir si creen o no en el evangelio.

Estas diferencias doctrinales condujeron a una ruptura entre Wesley y Whitefield, pero ponen de relieve una importante lección que podemos aprender de Wesley: su capacidad única para encontrar un camino intermedio entre los extremos radicales y las paradojas. Wesley, al articular sus diferencias con Whitefield y los calvinistas, trató de mantener en tensión extremos como la soberanía divina y el libre albedrío, el evangelicalismo y el sacramentalismo, y la gracia salvadora y la gracia santificadora. Wesley creía que debíamos vivir en la tensión de las paradojas de la fe cristiana sin dejar que el misterio de la obra de Dios socavara nuestra fe. Mantuvo una postura amable y dijo de los que no se oponían a los fundamentos ortodoxos del cristianismo: "pensamos y dejamos pensar".[2] También dijo: "¿Es recto tu corazón, así como el mío es recto con el tuyo? No hago más preguntas. Si lo es, dame tu mano. No destruyamos la obra de Dios por opiniones o palabras. ¿Amas tú a Dios y le sirves? Es suficiente. Te doy la mano derecha de la fraternidad".[3] Su disposición de buscar compañerismo, incluso con aquellos que diferían doctrinalmente de sus propios puntos de vista, es un ejemplo del que podemos aprender hoy en día. Al final, Juan Wesley y George Whitefield reconciliaron su amistad. De hecho, Wesley incluso predicó el sermón en el funeral de Whitefield, una hermosa imagen de reconciliación entre los dos hombres.

Tengo la esperanza de que el modo en que Wesley abordaba las diferencias doctrinales pueda servir de modelo para la reconciliación entre tradiciones cristianas doctrinalmente diversas en la actualidad. Wesley hizo hincapié en lo que podemos estar de acuerdo, en aquello que es esencial de la fe, y trató de unirse a otros en una misión común para alcanzar nuestro mundo para Cristo. Creo que es posible que las personas de origen wesleyano y reformado aprendan unas de otras y trabajen juntas por el bien del reino de Dios, a pesar de sus diferencias teológicas. Como nos recuerda Roger Olson, la comunidad evangélica necesita tanto a George Whitefield como a Juan Wesley para lograr la belleza del equilibrio.[4] A eso ofrezco un sincero "¡Amén!".

Institucionalización y secularización

Si bien hay mucho que aprender de la manera en que Wesley manejó los desacuerdos teológicos con otras personas, quizás la mayor advertencia que podemos recibir del éxito del avivamiento wesleyano es observar lo que puede sucederle a un movimiento a lo largo del tiempo. Lamentablemente, algunos movimientos, a medida que se institucionalizan, también se vuelven más seculares, perdiendo el enfoque "evangélico" que les dio vida en primer lugar. Muchas denominaciones que comenzaron como un movimiento evangélico o evangelístico acabaron institucionalizándose, dejando atrás sus raíces evangélicas. Si los valores culturales y creencias que inicialmente ayudaron al crecimiento del movimiento no se transmiten a las generaciones venideras, esta institucionalización conducirá a la pérdida del enfoque en el evangelio y en la formación de discípulos. C. S. Lewis advirtió contra esto, diciendo: "En toda iglesia hay algo que tarde o temprano va en contra del propósito mismo por el cual se creó. Así que tenemos que esforzarnos mucho, por la gracia de Dios, para mantener a la iglesia enfocada en la misión que Cristo le dio originalmente".[5] La cura para esta secularización del espíritu del avivamiento, como sugiere Lewis, es desarrollar hábitos y prácticas que nos mantengan fieles a la misión original de la iglesia: el llamado a predicar el evangelio y hacer discípulos.

Vemos que este patrón se repite a lo largo de la historia. Muchos de los grandes avivamientos del pasado comenzaron como movimientos inspirados por el Espíritu para hacer discípulos, pero con el tiempo se convirtieron en instituciones seculares. Por ejemplo, consideremos la historia de la universidad moderna.[6] Muchas universidades, incluidas las universidades estatales de los Estados Unidos, comenzaron como instituciones cristianas para capacitar a los jóvenes para el ministerio y el servicio cristiano. Instituciones como Harvard (Puritana), William and Mary (Anglicana), Yale (Congregacional) y Princeton (Presbiteriana) se crearon para la educación superior cristiana.[7] El Gran Despertar condujo a la fundación de Princeton, Brown, Rutgers y

Dartmouth a mediados del siglo XVIII, y al período más prolífico de creación de universidades en la historia de Estados Unidos.[8] Sin embargo, con el tiempo, el espíritu de avivamiento que fundó estas instituciones se perdió y la mayoría de estas antiguas universidades cristianas se convirtieron en universidades seculares con poca o ninguna afiliación religiosa.[9]

El metodismo fue uno de los movimientos de discipulado más grandes y duraderos en la historia de la iglesia. Sin embargo, a medida que el metodismo seguía creciendo, Wesley notó que el movimiento seguía los patrones de institucionalización. Lamentó que esto estuviera sucediendo y sintió que un destino sombrío podría sobrevenir a los metodistas si alguna vez perdían su celo. Wesley escribió:

> No tengo temor de que el pueblo llamado metodista deje de existir alguna vez en Europa o en Norteamérica. Mi temor es que lleguen a permanecer como una secta muerta, como una forma de religión sin poder. Y tal será indudablemente el caso, a menos que se mantengan firmes en la doctrina, en el espíritu y en la disciplina con los cuales se iniciaron.[10]

Desafortunadamente, esto es exactamente lo que le sucedió al metodismo en los Estados Unidos. Apenas cien años después del crecimiento milagroso del movimiento, hubo señales de advertencia de secularización. Hoy en día, la Iglesia Metodista Unida, descendiente del movimiento metodista estadounidense, está en rápido declive y al borde de dividirse en facciones. ¿Qué causó este cambio, que convirtió a una denominación grande y creciente en una de las que más rápidamente declina?

La historia nos enseña que la iglesia es susceptible a las tendencias secularizadoras de la institucionalización cada vez que pierde el enfoque en el mensaje y la misión de Cristo. Como han dicho Alvin Reid y Mark Liederbach: "Cuando la iglesia pierde, olvida o no enfatiza el impulso misional de su propósito ... se produce un alejamiento de la mentalidad de movimiento hacia lo que describiríamos como institucionalismo".[11] Siempre que los movimientos se transforman en iglesias institucionales, comenzarán a reducir la tensión que sienten con respecto a la cultura circundante. Se pone menos énfasis en el crecimiento y la multiplicación, y esto conduce a una pérdida de crecimiento y al inicio de un lento declive.[12] Este patrón se ha repetido una y otra vez a lo largo de la historia de la iglesia. Y aunque hay muchos factores sociológicos a considerar, hay tres razones principales por las que esta secularización ocurrió en el movimiento metodista, lo que llevó a su declive en Norteamérica.

FACTOR 1: LA EDUCACIÓN DEL CLERO

El primer factor que contribuyó a la secularización fue el aumento de la educación del clero. Para ser claros, no hay nada de malo en buscar educación y en la mayoría de los casos es bueno tener un clero educado. Sin embargo, a medida que el metodismo se convirtió en una iglesia establecida en Norteamérica, hubo un fuerte impulso por "mantenerse al día" con las iglesias más establecidas y convertirse en una parte respetable de la sociedad. Esto llevó a un fuerte impulso para enviar predicadores al seminario. Aunque el movimiento había crecido y se había multiplicado a través de predicadores laicos y jinetes de circuito, los días del predicador itinerante a caballo fueron reemplazados por elegantes púlpitos y túnicas. Cada vez más iglesias metodistas deseaban un clero educado. El clero apoyó esto, ya que una mayor educación traía consigo un estatus social más alto y un mayor salario. Cuando Francis Asbury murió en 1816, no había ni una sola universidad o seminario metodista en los Estados Unidos. Sin embargo, en

1880 había 11 seminarios teológicos, 44 universidades y 130 seminarios y escuelas para mujeres.[13] Según el historiador metodista William Warren Sweet, "la cultura y la educación del clero ya no eran monopolio de los congregacionalistas, los presbiterianos y los episcopales. La educación, el refinamiento y la dignidad caracterizaban ahora el ministerio y el servicio de los metodistas".[14]

Con este mayor énfasis en la educación superior, se produjo un cambio en la predicación. El clero educado se alejó de los mensajes simples sobre el pecado y la salvación para hablar sobre ciencia y política. Atrás quedaron los días de las reuniones de campo metodistas. Los primeros predicadores metodistas habían surgido de entre la gente común, hablando el lenguaje de la persona común. Una generación más tarde, los púlpitos se llenaron de clérigos educados que dirigían su mensaje a una audiencia más educada y socialmente consciente.

FACTOR 2: CAMBIO DE CLASE

El cambio en la educación del clero hizo que las iglesias tuvieran más miembros de clase media y alta. Cien años después de sus humildes comienzos, el metodismo en Norteamérica finalmente había llegado. Los metodistas no solo se habían convertido en la denominación más grande del país, sino que habían ascendido en la escala social y empezaban a atraer a personas adineradas y privilegiadas. Habían pasado de reunirse en edificios sencillos y sin adornos, a construir instalaciones grandes y costosas que rivalizaban con los edificios más bonitos de las iglesias establecidas de la ciudad. ¡En un nuevo edificio para la Primera Iglesia Metodista en Evanston, Illinois, incluso se comenzó a cobrar $200 por buenos asientos en la iglesia!

Estos nuevos y elegantes edificios eran una señal visible de que el metodismo se había alejado de la visión de su fundador.

La que una vez fuera una secta advenediza, se había convertido en una de las religiones establecidas de la joven nación. Sin embargo, aunque algunos verían estos signos como positivos, fueron el comienzo del fin del movimiento metodista en Norteamérica. Hoy en día, se puede mirar casi cualquier ciudad de Norteamérica y encontrar un impresionante edificio de una iglesia metodista de esa época, pero lamentablemente, la mayoría han cerrado o están en proceso de cerrar sus puertas debido a la disminución de la membresía.

FACTOR 3: UN CAMBIO DE ESPÍRITU

Con el tiempo, el espíritu pionero y contracultural del movimiento metodista fue domesticado. Con el auge del clero educado y el aumento del estatus social, se produjo un nuevo alejamiento del énfasis original en la santidad y los "métodos" de la reunión de clase. Como señalan Finke y Stark: "Su clero estaba cada vez más dispuesto a consentir los placeres de este mundo y a restar importancia al pecado, el fuego del infierno y la condenación; esta indulgencia tocó cuerdas altamente sensibles en una membresía cada vez más rica, influyente y privilegiada. Esta es, por supuesto, la dinámica fundamental por la cual las sectas se transforman en iglesias, perdiendo así el vigor y la fe de alto octanaje que les hizo triunfar en primer lugar".[15] El golpe final fue la desaparición de la reunión de clase. Desde el momento de la fundación del metodismo, ser llamado metodista significaba ser miembro de una reunión de clase. Sin embargo, con el tiempo, este requisito se perdió y muchos comenzaron a verlo como una señal de que el movimiento había comenzado a flaquear. En 1856, a la edad de setenta y dos años y en el año cincuenta y tres de su ministerio, el famoso predicador de circuito metodista Peter Cartwright ya lamentaba la pérdida de la reunión de clase:

> Las reuniones de clase han sido propiedad de Dios y bendecidas por él en la Iglesia Metodista Episcopal ... Durante muchos años las mantuvimos a puerta cerrada y no permitimos que ninguno permaneciera en la reunión de clase más de dos o tres veces a menos que manifestara su deseo de unirse a la Iglesia... Allí el corazón duro ha sido ablandado, el corazón frío calentado con el fuego santo; ¡Pero cuán tristemente se descuidan las reuniones de clase en la Iglesia Metodista Episcopal! ... ¿Es de extrañar que tantos de nuestros miembros se vuelvan fríos y descuidados en la religión, y finalmente retrocedan? ... Y ahora, ante Dios, ¿no son muchos de nuestros predicadores culpables en este asunto?[16]

Al leer las palabras de Cartwright, se puede sentir el dolor de un hombre que había experimentado la emocionante energía del avivamiento metodista, y que ahora veía como ese movimiento se deslizaba hacia la institucionalización y hacia el declive. Como mencioné anteriormente, en mi escritorio hay un boleto enmarcado de una reunión de clase de 1842, que perteneció a una mujer llamada Maria Snyder. Al mirarlo hoy, no puedo evitar preguntarme: "¿Qué pensaría María del metodismo contemporáneo?" o, "¿Qué pensarían Juan Wesley o Francis Asbury sobre el estado actual del movimiento que iniciaron?"

Si bien se puede decir más, creo que la lección que podemos aprender de esto es clara. Necesitamos mirarnos al espejo y preguntarnos si corremos el riesgo de repetir los mismos errores. En todo el mundo occidental, miles de iglesias cierran cada año. ¿Cuándo sentiremos dolor por el estado de nuestras iglesias? ¿Acudirá una nueva generación una vez más al llamado para recuperar el cristianismo bíblico? ¿Podríamos ver otra revolución de hacer discípulos esparcida por nuestro país y alrededor del mundo?

Conclusión

Permítame terminar este capítulo con una pregunta que quizá ya esté en su mente: ¿Es posible la renovación espiritual de las iglesias existentes o de las principales denominaciones que están estancadas o en declive? Creo que la respuesta es sí. Uno de los ejemplos más emocionantes de renovación está ocurriendo hoy en día, irónicamente, dentro de la Iglesia de Inglaterra, la misma iglesia que rechazó a Juan Wesley hace más de trescientos años. En medio de la rápida disminución de la asistencia a la iglesia a nivel nacional, se está gestando un movimiento de multiplicación en la Iglesia de Inglaterra que está llevando renovación a las iglesias y comunidades de toda Inglaterra.

En 2015, el antiguo obispo de Londres, Richard Chartres, pronunció una conferencia titulada "Nuevo fuego en Londres" en la que habló del crecimiento dentro de la diócesis de Londres por medio de la plantación de iglesias. Compartió el siguiente compromiso de misión: "Nos hemos comprometido a establecer 100 nuevas comunidades de culto en la diócesis en los próximos cinco años".[17] Para ayudar a cumplir esta visión, Ric Thorpe fue consagrado como obispo de Islington con un enfoque especial en la plantación de iglesias en Londres. Thorpe supervisa la estrategia de crecimiento eclesiástico de Londres para plantar cien iglesias en Londres para 2020 y doscientas iglesias en el centro de la ciudad en todo el país para 2030.

La pasión de Thorpe es hacer líderes que hagan discípulos en iglesias nuevas y revitalizadas en Londres y en toda Inglaterra. "Mi trabajo principal es el cambio de cultura", dice. "Intento ayudar a las personas a imaginarse más como una iglesia misionera, en lugar de limitarse a sostener lo que siempre se ha tenido con anterioridad". Thorpe ayuda a las iglesias a descubrir y a orar por la visión de Dios para su futuro, ya sea creciendo ellas mismas, plantando una nueva iglesia o revitalizando iglesias en declive. "Me llena de energía pasar tiempo con personas que sienten el llamado de Dios para ir a otro lugar y hacer algo nuevo", dice. "Tan sólo pasar tiempo con ellos y ayudarles a articular los planes que Dios les tiene y determinar lo que necesitan hacer para pasar al siguiente nivel, y ayudarles a pensar en lo que podría haber a continuación en el horizonte".[18] Su objetivo no es sólo tener una iglesia que crezca, sino ver discípulos, líderes e iglesias que se multipliquen por todas partes. ¡Thorpe me recuerda a Juan Wesley en muchos aspectos!

Una vez más, revisemos las cinco dimensiones de los movimientos de renovación de Howard Snyder del capítulo 1: personal, corporativa, conceptual, estructural y misiológica. Este paradigma nos ofrece una forma útil de entender cómo llega la renovación a la iglesia. Podemos ver estas cinco dimensiones en funcionamiento a lo largo de varios movimientos históricos de renovación y en las vidas de reformadores y visionarios como Lutero, Calvino, Wycliffe, Wesley, e incluso en ejemplos modernos como Ric Thorpe.

En primer lugar, si queremos que la renovación de la iglesia se produzca hoy, tiene que empezar por nosotros, con una experiencia de renovación personal y espiritual que venga a través de la oración y la obra del Espíritu Santo. Tenemos que experimentar primero el cambio que queremos ver en la iglesia y en el mundo, lo que significa que empieza por usted y por mí. No se puede compartir lo que no se ha experimentado.

En segundo lugar, si queremos ver renovación, ésta debe ser corporativa y extenderse a todo el cuerpo de Cristo. Necesitamos cultivar relaciones vitales y generativas con otros cristianos que compartan una visión similar de cambio y renovación de la iglesia. No podemos hacerlo solos; necesitamos hombres y mujeres que se unan a nosotros en el largo y duro trabajo de la renovación de la iglesia. Los movimientos no son simplemente ideas; son un trabajo por y para las personas, y se necesitan relaciones vitales para que los movimientos se produzcan.

En tercer lugar, la renovación a menudo se presenta de manera conceptual, a través de una visión fresca de lo que la iglesia podría y debería ser. Si queremos preparar nuestros corazones para un nuevo movimiento del Espíritu de Dios, necesitamos una nueva visión de lo que podría ser la renovación, el discipulado y la multiplicación de la iglesia en nuestro contexto. Como acabamos de ver, una de las cosas más importantes que hace Ric Thorpe es ayudar a las iglesias a descubrir y orar por la visión de Dios para su futuro.

En cuarto lugar, es necesario que haya una renovación estructural que apoye y fortalezca el trabajo de renovación en curso. El avivamiento wesleyano es un excelente ejemplo de renovación estructural. Los sistemas de discipulado de Wesley proporcionaron el apoyo estructural que el avivamiento necesitaba. Muchos movimientos de avivamiento mueren rápidamente porque nunca desarrollan las estructuras que necesitan para seguir creciendo y multiplicándose de forma saludable.

En quinto lugar, la renovación debe ser misiológica para ser bíblicamente dinámica. Lo vemos claramente con lo que está sucediendo en la Iglesia de Inglaterra hoy en día. Ric está ayudando a liderar un movimiento de renovación desde dentro de la iglesia que existe para la misión y la plantación de iglesias. Lo que comenzó en los corazones de unos pocos individuos se ha extendido hasta plantar docenas de nuevas comunidades de fe en toda Inglaterra.

Finalmente, si queremos ver renovación, debemos buscar al Dios de la renovación. Los movimientos no son el resultado de nuestro trabajo, sino de la obra soberana del Espíritu Santo.

Debemos aprender de los ejemplos del pasado, de líderes como Juan Wesley, que dirigió con éxito los fuegos del avivamiento hasta convertirlos en un movimiento de multiplicación mundial. Dios lo hizo una vez. Puede hacerlo de nuevo hoy.

CONCLUSIÓN

LA NUEVA FRONTERA DE MISIÓN

Tengo una sola pasión: es él y solo él. El mundo es el campo, y el campo es el mundo; y de ahora en adelante, ese campo, donde pueda ser más usado para ganar almas para Cristo, será mi hogar.

Count Zinzendorf

Este libro es una invitación a mirar hacia atrás, hacia el avivamiento wesleyano, extrayendo sabiduría e inspiración del pasado, y a mirar hacia adelante mientras buscamos hacer discípulos hoy. Recientemente enseñé las ideas de este libro a un grupo de pastores y líderes. Durante ese tiempo, Kim Gladding, Directora de Discipulado de la Iglesia Wesleyana, hizo un comentario que se me ha quedado grabado. Dijo: "Recuperar los fundamentos del movimiento wesleyano es volver al futuro". Y estoy convencido de que tiene razón.

Espero que usted haya tenido la bendición de aprender más sobre Juan Wesley y el movimiento metodista. Pero mi razón para escribir este libro no es animarnos a copiar servilmente los métodos, la terminología y las tradiciones de Wesley y sus seguidores. Muchas denominaciones e iglesias se encuentran atascadas en el pasado, pensando que, si pueden regresar a los "buenos tiempos", todo volverá a estar bien. Perpetuar los éxitos del pasado no es una receta para el éxito futuro en un mundo cambiante. Pero hay algo que podemos aprender. Podemos acoger el espíritu detrás del movimiento y tomar los principios de movimientos pasados, lo que yo llamo las "marcas de un movimiento", y dejar que esas verdades imperecederas den forma a nuestros métodos, prácticas y movimientos de hoy.

Este libro no pretende defender una tradición eclesiástica específica, ni tampoco intento crear una nueva denominación. A decir verdad, ni siquiera creo que debamos tener un estilo o modelo específico de ministerio eclesiástico. Simplemente estoy tratando de llamar nuestra atención sobre un puñado de prácticas de movimiento consagradas por el tiempo que hicieron que el avivamiento wesleyano tuviera éxito. Lo que haga con estas lecciones y cómo las aplica en su contexto depende de usted.

Podría ser útil recordar que, para Wesley, el metodismo no era una nueva denominación, sino simplemente un llamado al discipulado radical. Wesley deseaba la renovación de todas las denominaciones, especialmente la propia, la Iglesia de Inglaterra. En una oportunidad escribió un tratado titulado "El carácter de un metodista", en el que presentó varias marcas de los verdaderos cristianos que los distinguían del mundo: "Por estas marcas, por estos frutos de una fe viva, trabajamos para distinguirnos de un mundo incrédulo … Pero nosotros deseamos sinceramente que no se nos destaque de los cristianos verdaderos, sea cual fuere su denominación".[1] Si bien la esperanza de Wesley era que estas cosas marcaran el movimiento metodista, su visión era la recuperación del cristianismo genuino de forma más amplia. La visión de Wesley no era confesional, era una visión universal de lo que significa seguir a Jesús en cada lugar, en cada cultura, en cada generación.

Recientemente fui entrevistado por Daniel Yang, director de la "Send Network", una organización misionera y de plantación de iglesias. Reflexionando sobre mi investigación sobre el crecimiento del movimiento metodista en las fronteras de las colonias americanas, Daniel me preguntó si veía "fronteras" similares hoy en día, lugares y personas a los que la iglesia puede llegar de una manera nueva con un mensaje fresco. ¿Mi respuesta? Creo que la nueva frontera del cristianismo en Estados Unidos es menos una frontera escarpada. Es claramente urbana y multiétnica.

Digo esto porque no podemos ignorar la realidad de que la inmigración está remodelando Estados Unidos. Actualmente, unos cuarenta y tres millones de residentes han nacido en otro país y han emigrado a los Estados Unidos. Con más de 337 idiomas, Estados Unidos se ha convertido en la nación más multicultural y multilingüe del planeta. Además, se calcula que el 50% del mundo vivirá en centros urbanos o cerca de ellos en 2050 y que el 75% trabajará y vivirá en ciudades. Las ciudades proporcionan un fácil acceso para llegar a las personas que viven en grandes regiones geográficas dentro y cerca de las grandes ciudades. Las ciudades son también mosaicos formados por muchos grupos étnicos diferentes que están abiertos al evangelio. El resultado de estas tendencias convergentes es la necesidad de nuevas iglesias urbanas, iglesias que sean intencionadamente multiétnicas y multiculturales.

¿Podría ser esta la nueva frontera para un movimiento de avivamiento? Tengo esperanzas. Estas iglesias ofrecen una hermosa imagen del reino de Dios. Como nos recuerda el apóstol Pablo, el evangelio nos llama a sacrificar nuestros propios intereses, deseos y privilegios por el bien de los demás y por la unidad en el amor de Cristo. Pablo escribe: "Sí, con todos trato de encontrar algo que tengamos en común, y hago todo lo posible para salvar a algunos. Hago lo que sea para difundir la Buena Noticia y participar de sus bendiciones" (1 Cor. 9:22b-23, NTV). Las iglesias multiculturales y multiétnicas nos remiten a la hermosa imagen prometida en el Apocalipsis, donde personas de todas las naciones, tribus, pueblos y lenguas alaban a Dios al unísono unos con otros. Independientemente del tipo de iglesia a la que asistamos actualmente o que estemos pensando en plantar, creo que todos deberíamos buscar formas de llegar más allá de las barreras étnicas, raciales, culturales y económicas. Como nuestra cultura está cambiando, creo que el multiculturalismo y la multietnicidad serán el futuro de la plantación de iglesias en Norteamérica y en el mundo.

Incluso ahora, vemos un número creciente de nuevas iglesias que adoptan este enfoque para alcanzar a personas de diversas nacionalidades y orígenes étnicos. En muchos contextos urbanos, las iglesias que se plantan deben, necesariamente, cruzar las líneas raciales, culturales y socioeconómicas para llegar a sus comunidades. Un ejemplo de ello es mi amigo Anderson Moyo, que pastorea una iglesia multiétnica llamada *Sheffield Community Church* en Inglaterra. Originario de Zimbabue, Anderson tiene un corazón no sólo para Europa, sino también para los africanos que han llegado a Inglaterra. Dice: "Esperamos capacitar no sólo a los africanos, sino a los líderes emergentes de todo el mundo a medida que nuestra denominación se expande a nuevas fronteras más allá del hemisferio occidental".

Otro ejemplo de un movimiento de iglesia urbana que está ocurriendo aquí, en mi propio patio trasero, es Fuente de Avivamiento, dirigida por mi amigo el Dr. Iosmar Álvarez en

Lexington, Kentucky. Fuente de Avivamiento lleva todas las marcas del movimiento wesleyano que hemos examinado a lo largo de este libro, y al igual que Wesley, el movimiento comenzó cuando Iosmar tuvo un **encuentro transformador** con el Señor. Iosmar nació y creció en Cuba y se hizo veterinario. Sin embargo, todas sus ambiciones mundanas cambiaron cuando fue gloriosamente salvado durante una cruzada metodista en Cuba. Cuando Iosmar llegó a los Estados Unidos, sintió que el Señor lo llamaba a plantar iglesias—no sólo una iglesia, sino todo un movimiento de nuevas iglesias con un ADN wesleyano. Desde que se plantó Fuente en Lexington, esa única iglesia se ha convertido en un **movimiento contagioso** que alcanza a cientos de personas de la comunidad latina. Cada semana, nuevas personas llegan a la fe en Cristo, y la iglesia está repleta de la presencia y el poder del Espíritu Santo.

Los miembros de la iglesia tienen una espiritualidad ferviente que está **llena del Espíritu** y marcada por un gran deseo de la Palabra de Dios y la oración. Han desarrollado **un ecosistema de discipulado orgánico** que mantiene a sus miembros conectados y comprometidos en un discipulado activo. Se reúnen por toda la ciudad una vez a la semana en casi cien grupos que se reúnen en los hogares de las personas para el culto, la enseñanza y el ministerio de la oración. Las iglesias en las casas de Fuente funcionan como las reuniones de clase del metodismo primitivo, que se reunían en los hogares de la gente durante toda la semana. Están comprometidos con la misión holística atendiendo las necesidades sentidas de las personas.

Su creciente movimiento tiene un ADN apostólico especialmente comprometido con el **empoderamiento de personas no ordenadas** para realizar la labor del ministerio. Sus líderes son mujeres y hombres corrientes que realizan trabajos corrientes durante la semana, pero que también sirven como pastores de sus iglesias en las casas. A medida que demuestran la plenitud de la fe en sus iglesias en las casas, algunos acaban convirtiéndose en líderes de los ministerios y otros son enviados a plantar iglesias en toda la región. Finalmente, se reproducen a través de la **multiplicación orgánica**, plantando otras iglesias en el área de Lexington y ayudando a lanzar una red nacional de iglesias que se están plantando en todo el país.

A lo largo de este libro, he presentado las marcas clave de un movimiento basado en el avivamiento wesleyano, que creo que pueden conducir a movimientos de multiplicación hoy en día. En muchos sentidos, estas marcas han estado vivas en el ADN apostólico de la iglesia en cada generación de creyentes desde los tiempos de Cristo, y están vivas en la iglesia de hoy. Son elementos esenciales comunes para hacer discípulos, ya sea que se viva en el siglo I como en el siglo XXI, y nosotros, como iglesia, debemos recuperar su poder.

Pero no debemos olvidar que cada movimiento y cada contexto son únicos. El movimiento metodista respondió con éxito a las necesidades únicas de su tiempo con el evangelio eterno de Jesucristo. Del mismo modo, debemos tratar de entender nuestro contexto y cultura únicos, para llevar la Palabra eterna de Dios a una cultura cambiante. Como nos recuerda el teólogo Francis Schaeffer: "cada generación de cristianos tiene este problema de aprender a hablar de manera significativa a su propia época. Este problema no puede ser resuelto sin una previa comprensión de los cambios de las situaciones existenciales con los que la Iglesia tiene que enfrentarse."[2]

Hoy en día, hay muchas expresiones diferentes de la iglesia local, que representan el cuerpo de Cristo en una variedad de contextos. La iglesia en África tiene un aspecto diferente al de la iglesia en Texas; cada una está llamada a ser la iglesia en su contexto y cultura únicos. En los últimos años he podido experimentar muchas nuevas iglesias contextualizadas en todo el mundo, en ciudades, en selvas y en las cimas de las montañas. Me he reunido con líderes de iglesias de los cinco continentes. Cada iglesia que experimenté era un poco diferente de las otras, pero todas tenían una cosa en común: todas eran miembros del cuerpo de Jesucristo. Estas experiencias han moldeado profundamente mi visión de la necesidad de un nuevo movimiento contextualizado que sea único para el día y el tiempo en que vivimos.

Mi oración es que, de alguna manera, la lectura de este libro le haya llevado a inspirarse a partir del movimiento wesleyano. Espero y oro para que, al aprender sobre Juan Wesley, el Espíritu despierte de nuevo un movimiento de multiplicación similar. ¡Que el Señor Soberano haga algo poderoso de nuevo en nuestros días!

Concluyo con una versión de la oración del pacto de Juan Wesley. Es una oración que oro casi a diario, y en los últimos años ha inspirado mi fe y mi testimonio para buscar a Dios para que se produzca un nuevo movimiento de avivamiento durante mi vida.

Ya no soy mío, sino tuyo.
Empléame para lo que tú quieras, con las personas que tú quieras;
Sea para cumplir alguna tarea o para sobrellevar algún sufrimiento;
Permíteme ser utilizado por ti, o dejado de lado por ti;
Exaltado por ti o humillado por ti;
Déjame tener abundancia o padecer necesidad;
Tenerlo todo o no tener nada;
Libremente y de todo corazón someto todas las cosas a lo que a ti te plazca y a lo que tu dispongas.
Y ahora, oh, Dios glorioso y bendito, Padre, Hijo y Espíritu Santo, tú eres mío y yo soy tuyo.
Así sea.
Y el pacto que he hecho sobre esta tierra sea ratificado en los cielos.
Amén.

EPÍLOGO

Mi amigo Winfield Bevins nos ha recordado correctamente las lecciones vitales de multiplicación del movimiento wesleyano, uno de los mayores movimientos misioneros que el mundo ha conocido. Todos los movimientos misioneros se presentan ante los observadores como simples sistemas de hacer discípulos. Sin embargo, lo más importante es que estos movimientos mantienen intencionalmente la tarea de hacer discípulos como una práctica central. El discipulado es a la vez el punto de partida, la práctica estratégica permanente y la clave de todo impacto misionero duradero en y a través de los movimientos. Ya sea que uno vea el fenómeno wesleyano, franciscano o chino, todos ellos están esencialmente compuestos por (y dirigidos por) discípulos, y tienen absolutamente claro este mandato de hacer discípulos.

El movimiento metodista, tal y como se ha descrito detalladamente en este libro, es un excelente ejemplo de ello. Comenzó en la Gran Bretaña del siglo XVIII cuando, después de un encuentro con Dios que le cambió la vida, Juan Wesley comenzó a viajar por toda Gran Bretaña con una visión para la conversión, el discipulado de la nación y la renovación de una iglesia caída.

"Buscaba nada menos que la recuperación de la verdad, la vida y el poder del cristianismo más primitivo y la expansión de ese tipo de cristianismo". En una generación, una de cada treinta personas que vivían en Gran Bretaña se había hecho metodista y el movimiento se convirtió rápidamente en un fenómeno mundial. En opinión de Stephen Addison, un misiólogo que ha pasado gran parte de su vida profesional estudiando los movimientos cristianos, la clave del éxito del metodismo fue el alto nivel de compromiso con la causa metodista que se esperaba de los participantes.

La causa metodista decayó hasta el punto de que el movimiento se alejó de su espíritu misionero original de evangelismo y hacer discípulos, y degeneró en un mero legalismo religioso mantenido por instituciones, libros de reglas y un clero altamente profesionalizado. De hecho, aunque el metodismo en Estados Unidos había experimentado un crecimiento exponencial masivo—el 35% de la población en unos cuarenta años—se introdujeron en el metodismo estadounidense dos "asesinos de movimientos" fundamentales que efectivamente frenaron el movimiento. El primero comenzó en 1850, cuando los líderes del metodismo se cansaron de los episcopales y los presbiterianos, que se burlaban de ellos por considerarlos ministros "incultos y sin estudios". Decidieron que todos sus ministros de circuito y locales debían cursar cuatro años de estudios de ordenación para poder cumplir con los requisitos. El crecimiento cesó de inmediato. Luego, diez años más tarde (en 1860), ya no se exigían clases y bandas: el discipulado se había convertido en algo opcional. ¡El metodismo ha estado en declive desde entonces!

Como nos recuerda Bevins en la conclusión, no debemos limitarnos a prestar atención a las marcas que llevaron al movimiento a multiplicarse, también debemos prestar atención a los asesinos del movimiento. Un "asesino" fue el requisito de los estudios de ordenación para que el clero haga lo que todo creyente ya recibe en su conversión: la acción y el ministerio de todos los creyentes. El segundo "asesino", por supuesto, es la falta de discipulado. La mayoría de las iglesias de Occidente han seguido este camino. ¿Alguna conjetura sobre lo que tiene que cambiar?

Marcas de un movimiento no nos proporciona todas las respuestas, pero nos llama de nuevo al mandato de hacer discípulos de la iglesia recordándonos la sabiduría imperecedera de Juan Wesley y el movimiento metodista. Con un amor por la historia y una pasión por la iglesia de hoy, Winfield Bevins nos ha ayudado a re-imaginar la multiplicación de la iglesia de una manera que se centra en hacer y multiplicar discípulos para el siglo XXI.

Alan Hirsch, autor de *Caminos olvidados*

APÉNDICE A

LA REUNIÓN DE BANDA PARA DISCIPULADO

Una banda de discipulado es un grupo de 3 a 5 personas que leen juntos, oran juntos y se reúnen juntos para convertirse en el amor de Dios para los demás y el mundo.

TOMADO DE *DISCIPLESHIP BANDS: A PRACTICAL FIELD GUIDE.*

PARA MÁS INFORMACIÓN VISITE DISCIPLESHIPBANDS.COM

Apertura (después de conversación casual y breve)

UNA VOZ: DESPIÉRTATE TÚ QUE DUERMES Y LEVÁNTATE DE ENTRE LOS MUERTOS.

TODOS LOS DEMÁS: Y CRISTO TE ALUMBRARÁ.

(ADAPTADO DE EFESIOS 5:14)

LEÍDA AL UNÍSONO
O POR UN MIEMBRO DE LA BANDA

Padre celestial, te pedimos que de tus gloriosas riquezas nos fortalezcas con tu Espíritu en nuestro interior, para que Cristo habite en nuestros corazones por la fe. Y te pedimos que, arraigados y afianzados en amor, tengamos la capacidad, junto con todo el pueblo santo del Señor, de comprender cuán ancho, largo, alto y profundo es el amor de Cristo, y de conocer este amor que sobrepasa todo conocimiento, para que seamos llenos hasta la medida de toda la plenitud de Dios. Lo pedimos en el nombre de Jesús, amén.

(Adaptado de Efesios 3:16-19)

Las cinco preguntas

1. ¿CÓMO ESTÁ TU ALMA?

Esta es la pregunta localizadora. ¿Dónde estás? ¿Cómo estás por dentro? ¿Desanimado? ¿Gozoso? ¿Cansado? ¿Bien?

2. ¿CUÁLES SON TUS LUCHAS Y ÉXITOS?

Abre una hoja de tu vida y habla de las circunstancias, las dificultades, los retos, los éxitos, el crecimiento satisfactorio y demás.

3. ¿HAY ALGÚN PECADO QUE CONFESAR?

Esto requiere valor. Simplemente exprésalo. Sin preguntas. Permite que alguien de la banda te diga: "En el nombre de Jesucristo, estás perdonado". Entonces recíbelo.

4. ¿HAY ALGO QUE DESEAS MANTENER EN SECRETO?

La respuesta puede ser no, sí, o sí y... De nuevo, sin condenas. Esta pregunta llevará a la banda al siguiente nivel.

5. ¿CÓMO PUEDE EL ESPÍRITU SANTO ESTAR HABLANDO Y MOVIÉNDOSE EN TU VIDA?

Arriésgate a compartir una posibilidad de lo que Dios podría estar haciendo. Invita al grupo a compartir su discernimiento de lo que están escuchando también. Después de que cada persona comparta, otra persona del grupo ofrece una oración por ella. Cuando todos han compartido y han orado por ellos, la reunión está lista para concluir.

Algunas bandas están listas para las cinco preguntas. Otros pueden querer comenzar con la n.° 1 y la n.° 5 o tal vez con la n.° 1, la n.° 2 y la n.° 5.

La clausura

(Lean al unísono o por un miembro de la banda)

> *A aquel que es poderoso para hacer todas las cosas mucho más abundantemente de lo que pedimos o entendemos, según el poder que actúa en nosotros, a él sea la gloria en la iglesia y en Cristo Jesús por todas las generaciones, por los siglos de los siglos. Amén.*
>
> (Efesios 3:20-21)

Tiempo + Confianza = Transformación

APÉNDICE B

CARACTERÍSTICAS DE LOS MOVIMIENTOS

Características de un movimiento de renovación

TOMADO DE *SIGNS OF THE SPIRIT: HOW GOD RESHAPES THE CHURCH* POR HOWARD SNYDER

1. Sed de renovación
2. Énfasis en la obra del Espíritu
3. Tensión institucional/carismática
4. Preocupación por ser una comunidad contracultural
5. Liderazgo no tradicional o no ordenado
6. Ministerio a los pobres
7. Energía y dinamismo

Seis características de un movimiento

Tomado de *Movimientos que cambian al mundo: cinco claves para extender el Evangelio* por Steve Addison

1. Fe al rojo vivo
2. Compromiso con una causa
3. Relaciones contagiosas
4. Rápida movilización
5. Métodos adaptativos
6. Liderazgo pionero o apostólico

Características comunes de los movimientos de plantación de iglesias

Tomado de *Movimientos de plantación de iglesias: Cómo Dios está redimiendo al mundo perdido* por David Garrison

1. Oración extraordinaria
2. Evangelización abundante
3. Plantación intencional de iglesias reproductoras
4. La autoridad de la Palabra de Dios
5. Liderazgo local
6. Liderazgo laico
7. Iglesias en las casas
8. Iglesias que plantan iglesias
9. Reproducción rápida
10. Iglesias saludables

10 características del cristianismo de movimientos

Tomado de *1,000 Churches: How Past Movements Did It—And How Your Church Can, Too* por Ed Stetzer y Daniel Im

1. Oración
2. Intencionalidad de la multiplicación
3. Sacrificio
4. Reproducibilidad
5. Integridad teológica
6. Ministerio encarnacional
7. Empoderamiento del pueblo de Dios
8. Caridad en la apreciación de otros modelos
9. Escalabilidad
10. Enfoque global holístico

La expansión espontánea de la Iglesia, de Roland Allen

1. Comenzar con las enseñanzas de Jesús
2. Dar prioridad a la evangelización
3. Seguir un enfoque paulino
4. Iniciar iglesias autóctonas (es decir, contextualizadas)
5. Confiar en la obra del Espíritu (y enseñar a los nuevos creyentes a hacer lo mismo)
6. Evitar la delegación de poderes
7. Desarrollar líderes de las nuevas iglesias
8. Involucrar al clero voluntario y a los misioneros no profesionales

Tomado de *Roland Allen: Pioneer of Spontaneous Expansion* por J. D. Payne

APÉNDICE C

HERRAMIENTAS DE EVALUACIÓN DE MARCAS DE UN MOVIMIENTO

Por el Dr. Ed Love, Director
de Multiplicación de la Iglesia Wesleyana

A lo largo de este libro, Winfield Bevins ha presentado seis marcas de un movimiento a partir del avivamiento wesleyano de los siglos XVIII y XIX. Estas marcas no son ideales teóricos de días pasados, sino que son aplicables al ministerio de hoy.

La siguiente herramienta de evaluación fue diseñada para ayudar a los líderes con mentalidad de movimiento a descubrir qué componentes del ministerio están alineados con el pensamiento centrado en el movimiento y qué puede necesitar más atención. Para lograr una mayor precisión y diálogo en equipo, considere la posibilidad de involucrar a otros líderes ministeriales, miembros de junta o personas influyentes clave, haciendo que cada uno de ellos complete esta evaluación y compare los resultados.

A lo largo de la evaluación, encontrará un resumen de cada marca, seguido de cinco preguntas de evaluación. En una escala del 1 al 5 (siendo el cinco el valor más alto), marque con un círculo el número que representa su contexto actual. Calcule el total de cada marca en la parte inferior de la página. Una vez completadas las seis categorías, calcule el total general (de 150 puntos) en la última página.

Al final de la evaluación, hay una serie de preguntas de coaching reflexivo que le ayudarán a aclarar sus próximos pasos, tanto a nivel individual como organizativo.

6 marcas de un movimiento

1. Vidas cambiadas
2. Fe contagiosa
3. El Espíritu Santo
4. Hacer discípulos
5. Impulso apostólico
6. Multiplicación orgánica

1. VIDAS CAMBIADAS

La vida de Juan Wesley nos recuerda el hecho esencial de que los movimientos se edifican sobre Cristo, no sobre las personas. Cuando miramos las páginas de la historia de la iglesia, vemos que los movimientos de multiplicación se produjeron a través de líderes que tuvieron un encuentro transformador con el Cristo vivo. La historia la hacen los hombres y mujeres de fe que se han encontrado con el Dios vivo y no pueden evitar hablar de la Buena Nueva de Jesús a todos los que conocen.

¿Con qué frecuencia se invita a las personas de su iglesia a una experiencia transformadora de vida con Jesucristo?

1	2	3	4	5
Nunca		De vez en cuando		Todo el tiempo

¿Es común que las personas de su iglesia compartan públicamente que han tenido un encuentro con Jesucristo que ha transformado sus vidas?

1	2	3	4	5
Nunca		De vez en cuando		Todo el tiempo

¿Ayuda el ministerio de predicación y enseñanza de su iglesia a que las personas entiendan la plenitud de la salvación sólo a través de Cristo?

1	2	3	4	5
Nunca		De vez en cuando		Todo el tiempo

Cuando los líderes establecen la visión del ministerio de su iglesia, ¿ponen énfasis en ayudar a las personas alejadas de Dios a encontrar a Jesucristo de una manera que les cambie la vida?

1	2	3	4	5
Nunca		De vez en cuando		Todo el tiempo

¿Cuántas oportunidades, fuera de las reuniones de culto del fin de semana, crea su ministerio para que las personas se encuentren con Jesucristo de manera significativa?

1	2	3	4	5
Nunca	2 al año	4 al año	12 al año	52 al año

Puntuación de Vidas Cambiadas ________/25

2. FE CONTAGIOSA

Como resultado de la decisión de Wesley de comenzar a utilizar ministros laicos en el avivamiento wesleyano, las personas tienen hoy una puerta abierta para compartir el ministerio en la mayoría de las iglesias. El liderazgo laico es una de las características más comunes de los movimientos de plantación de iglesias en rápida expansión en todo el mundo. Si queremos ver un movimiento de multiplicación rápida hoy en día, debe construirse sobre un modelo que capacite y envíe a todas las personas a participar en el ministerio y el evangelismo.

¿Ofrece su iglesia oportunidades frecuentes de capacitación en evangelismo?

1	2	3	4	5
Nunca		Una vez al año		Consistentemente

¿Ofrece su iglesia una evaluación de los dones espirituales o un curso de movilización ministerial?

1	2	3	4	5
Nunca		Anualmente		Mensualmente

¿Ofrece su iglesia un camino claro para participar en la misión de la iglesia?

1	2	3	4	5
Realmente no		Está en desarrollo		Es muy visible

¿Ofrece o promueve su iglesia un curso básico de orientación para la plantación de iglesias?

1	2	3	4	5
Anualmente		Trimestralmente		Mensualmente

¿Tiene su iglesia un formato reproducible para la capacitación y creación de redes de futuros plantadores de iglesias?

1	2	3	4	5
No		Más o menos		Sí

Puntuación de Fe contagiosa ________/25

3. EMPODERADOS POR EL ESPÍRITU

La iglesia primitiva cobró vida y creció exponencialmente después de la llegada del Espíritu Santo y mientras los primeros seguidores de Jesús se reunían en oración (véase Hechos 1:8). De la misma manera que la iglesia cobró vida el día de Pentecostés, el avivamiento wesleyano se fundó sobre la influencia guiadora del Espíritu Santo. Si observamos otros movimientos similares a lo largo de la historia, e incluso en la actualidad, encontramos que la obra empoderadora del Espíritu está en el centro mismo. Es imposible entender los movimientos de multiplicación sin comprender el importante papel del Espíritu en la vida de los líderes catalizadores.

¿Qué grado de solidez tiene la cultura de oración en su iglesia?

1	2	3	4	5
Débil		Mediocre		Fuerte

¿Con qué frecuencia enfatiza su iglesia la persona y la obra del Espíritu Santo en la iglesia?

1	2	3	4	5
Nunca		De vez en cuando		Todo el tiempo

¿Tiene su iglesia un equipo de oración/intercesión consistente?

1	2	3	4	5
No		Pocas personas		Sí

¿Con qué frecuencia ofrece su iglesia una enseñanza/formación específica sobre el papel del Espíritu Santo?

1	2	3	4	5
Según haya necesidad		Trimestralmente		Mensualmente

¿La presencia del Espíritu permea la cultura de liderazgo y los equipos de servicio?

1	2	3	4	5
Realmente no		Ocasionalmente		Absolutamente

Puntuación de Empoderados por el Espíritu __________/25

4. SISTEMAS DE DISCIPULADO

En términos de movimientos cristianos, el genio de Wesley fue que se dio cuenta de la importancia de crear sistemas para hacer discípulos. Organizó a las personas en tres grupos de discipulado interconectados: sociedades, reuniones de clase y bandas. Las sociedades eran reuniones más grandes, de 50 a 70 personas, en las que se celebraba el culto y se impartía la enseñanza (como en una nueva iglesia). En las reuniones de clase, más pequeñas e intencionales (de 10 a 12 personas), es donde se produce un discipulado profundo. Las bandas (de tres a cinco personas) se distinguían por su alta rendición de cuentas.

¿Qué porcentaje de los asistentes al culto de fin de semana de su iglesia participan en grupos más pequeños para el cuidado, la rendición de cuentas, el crecimiento espiritual y el alcance misionero?

1	2	3	4	5
0%	25%	50%	75%	100%

¿Cómo describiría el fervor del discipulado en su iglesia?

1	2	3	4	5
Bajo		Promedio		Muy fuerte

¿Cómo comunica su iglesia el estilo de vida y las expectativas de crecimiento espiritual?

1	2	3	4	5
No lo hacemos		Verbalmente cuando se nos pregunta		Por escrito y explicado regularmente

¿Los líderes de grupos pequeños de su iglesia se ven a sí mismos como guías espirituales o hacedores de discípulos?

1	2	3	4	5
Realmente no		No se sabe		Absolutamente

¿Cómo describiría el ambiente de rendición de cuentas espiritual en su iglesia?

1	2	3	4	5
No existe		Débil		Muy fuerte

Puntuación de Sistemas de discipulado ________/25

5. LIDERAZGO APOSTÓLICO

No se puede entender el avivamiento wesleyano sin reconocer la naturaleza apostólica del movimiento. Juan Wesley fue un líder apostólico que asimiló a grandes hombres y mujeres a su alrededor, permitiendo que esas personas se convirtieran en campeones del avivamiento. Wesley era un líder fuerte con un talento dado por Dios para reconocer lo mejor de las personas y desarrollar cualidades de liderazgo en otros.

¿Está el liderazgo de su iglesia comprometido con el discipulado y el desarrollo de futuros líderes ministeriales?

1	2	3	4	5
No tanto		Algo		Absolutamente

¿Siente el liderazgo de su iglesia una carga por desarrollar, empoderar y enviar líderes (iniciadores de iglesias) a otras comunidades con el mensaje de Jesús?

1	2	3	4	5
Realmente no		Algo		Obsesionados

¿Tiene aprendices el liderazgo pastoral de su iglesia (potencialmente un futuro plantador de iglesias)?

1	2	3	4	5
Aún no		Indefinido		Bien definido

¿Con qué frecuencia ofrece su iglesia capacitación o un plan de estudios para grupos pequeños enfocado en el desarrollo de futuros predicadores, maestros y comunicadores de la verdad bíblica?

1	2	3	4	5
Evento anual		Reuniones trimestrales		Reuniones semanales

¿Tiene su iglesia un medio intencional para evaluar la fidelidad y la productividad de sus líderes emergentes?

1	2	3	4	5
No existe		Por medio de conversaciones		Proceso claramente definido

Puntuación de Liderazgo apostólico ________/25

6. MULTIPLICACIÓN ORGÁNICA

El avivamiento wesleyano se extendió rápidamente por las Islas Británicas y Norteamérica. El metodismo era un movimiento de multiplicación que reproducía todo: discípulos, líderes, grupos pequeños, sociedades y nuevas iglesias. Para mantener el ritmo de crecimiento, los líderes del movimiento plantaron cientos de nuevas sociedades en todo el mundo. Las sociedades eran esencialmente comunidades de fe plantadas en nuevos centros geográficos. Estas sociedades se reproducían rápidamente plantando otras sociedades en áreas vecinas y pueblos circundantes para alcanzar aún más personas con el mensaje de Jesús.

¿Cómo describiría el deseo de su iglesia de reproducirse?

1	2	3	4	5
Bajo		Promedio		Fuerte

¿Cómo comunica su iglesia la expectativa de que los líderes se reproduzcan?

1	2	3	4	5
No se hace		Solo cuando se pide		Se comunica en todas partes

¿Cómo comunica su iglesia la expectativa de que se reproducirá a sí misma (como plantar una nueva expresión de la iglesia en otro pueblo o grupo étnico)?

1	2	3	4	5
No se hace		Solo cuando se pide		Se comunica en todas partes

¿Mide y celebra su iglesia cuántos creyentes y líderes está enviando para servir como pioneros de nuevas comunidades de fe?

1	2	3	4	5
No		Algo		Absolutamente

¿Entiende claramente su iglesia la visión que usted tiene de una expansión rápida del reino a través de la multiplicación de iglesias?

1	2	3	4	5
Realmente no		Ojalá la entendieran		La tienen

Puntuación de Multiplicación orgánica ________/25

Identificando los siguientes pasos

1. Vidas cambiadas	/25
2. Fe contagiosa	/25
3. Empoderamiento del Espíritu	/25
4. Sistemas de discipulado	/25
5. Liderazgo Apostólico	/25
6. Multiplicación Orgánica	/25
Total	/150

Preguntas de coaching reflexivo:

¿Qué 2 o 3 cosas puede celebrar con respecto a la evaluación?

¿Cómo caracterizaría los obstáculos a los que se enfrenta en este momento?

¿Qué componente le tomará a usted y a su iglesia más de un año para avanzar?

¿De quién podrían aprender usted y su iglesia al poner en práctica cambios orientados al movimiento?

¿Con qué preguntas filosóficas, teológicas o prácticas están luchando?

¿Cuáles son las cinco cosas prácticas que podría hacer en los próximos 45 días para comenzar a implementar una cultura de iglesia orientada al movimiento?

Si la financiación no fuera un obstáculo, ¿cómo abordaría los problemas que enfrenta su movimiento de plantación de iglesias?

RECONOCIMIENTOS

Este libro ha sido un trabajo de amor durante los últimos años. Es la culminación de mi propio peregrinaje ministerial y la influencia de otras personas en mi vida y ministerio. Me gustaría reconocer a varias personas clave que me han influido para escribir este libro sobre el avivamiento wesleyano como modelo para la recuperación de un movimiento de multiplicación moderno.

Aunque no soy metodista, estoy especialmente agradecido por el trabajo de tres de mis héroes de la fe que sí lo son. Los escritos de Robert Coleman, Howard Snyder y George Hunter III han tenido un gran impacto en mi vida y ministerio a lo largo de los años.

Estoy agradecido por Steve Seamands, Jonathan Raymond y Howard Snyder, que están en mi reunión de banda semanal. Nos reunimos cada semana para orar unos por otros y hacernos preguntas profundas sobre el estado de nuestras almas. Estoy profundamente agradecido por esta hora santa.

Estoy agradecido con el equipo de *New Room,* David Thomas, JD Walt y Mark Benjamin por su apasionado liderazgo y su llamamiento a la iglesia a sembrar para un Gran Despertar.

He escuchado el llamado y este libro es mi pequeña contribución a la causa. ¡Me siento honrado de ser parte del equipo!

Estoy agradecido por mis amigos Todd Wilson y Bill Couchenour de *Exponential*, que están ayudando a la iglesia a hacer y multiplicar discípulos a través de la plantación de iglesias y la multiplicación de iglesias. Estoy emocionado de tener este libro en la serie de libros de *Exponential*.

Por último, pero no por ello menos importante, estoy muy agradecido con mi editor en Zondervan, Ryan Pazdur, por su espíritu amable y su ánimo durante todo el proyecto de escritura. Es, con mucho, el mejor editor con el que he trabajado. Gracias.

Lo que necesitamos en nuestros días es un movimiento de líderes hacedores de discípulos que lideren movimientos que multipliquen discípulos e iglesias en cada ciudad del mundo. ¡Este libro está dedicado a todos los hombres y mujeres de todo el mundo que están comprometidos con la multiplicación de discípulos!

NOTAS

INTRODUCCIÓN

1. J. Wesley Bready, *England: Before and After Wesley* (New York: Russell & Russell, 1971), 19.
2. Para una exposición detallada de Inglaterra durante el periodo de tiempo de Wesley, véase: Bready, *England: Before and After Wesley.*
3. Juan Wesley, *John Wesley's Sunday Service of the Methodist in North America* (United Methodist Publishing House, 1984), 10-11.
4. Albert Outler, *John Wesley* (Oxford: Oxford University Press, 1964), 335.
5. Thomas Jackson, *The Works of John Wesley* (Grand Rapids, MI: Baker Books, 1979, en adelante citado como *Works*), 13:146.
6. *Works*, 4:81.
7. Véase John H. Wigger, *Taking Heaven by Storm: Methodism and the Rise of Popular Christianity in America* (Urbana: University of Illinois Press, 1998); Roger Finke y Rodney Stark, *The Churching of America, 1776-2005: Winners and Losers in Our Religious Economy* (Piscataway, NJ: Rutgers University Press, 2005), 55ff.
8. George G. Hunter III, *The Recovery of a Contagious Methodist Movement* (Nashville, TN: Abingdon Press, 2011), 5.

9. Véase Howard Snyder, *The Radical Wesley*, (Franklin, TN: Seedbed Publishing, 2014), 5. En español: Howard Snyder, *El Wesley Radical* (Franklin, TN: Seedbed Publishing, 2016).
10. Ed Stetzer and Warren Bird, *Viral Churches: Helping Church Planters become Movement Makers* (San Fransisco, CA: Jossey Bass, 2010), 1.
11. Phil Zuckerman, *Living the Secular Life: New Answers to Old Questions* (New York: Penguin Books, 2015), 60.
12. Para un estudio a profundidad sobre la espiritualidad de los jóvenes y los jóvenes adultos, véase Christian Smith y Melinga Lindquist Denton, *Soul Searching: The Religious Lives and Spiritual Lives of American Teenagers* (Oxford: Oxford University Press, 2005) y Christian Smith y Patricia Snell, *Souls in Transition: The Religious and Spiritual Lives of Emerging Adults* (Oxford: Oxford University Press, 2009). Sus conclusiones mostraron que la mayoría de los jóvenes se adhieren a una comprensión vaga de la religión, que los autores llaman "deísmo terapéutico moralista" (MTD, por sus siglas en inglés). En cuanto a las estadísticas sobre el estado general de la participación de los jóvenes en la religión entre los norteamericanos, el Pew Research Center ha observado que alrededor de un tercio de los Millenials mayores -adultos que actualmente tienen entre 20 y 30 años- dicen ahora que no tienen religión, lo que supone un aumento del 9% entre este rango de edad desde 2007. Casi una cuarta parte de la Generación X dice ahora que no tiene ninguna religión en particular, o se describen como "ateos" o "agnósticos". Véase http://www.pewforum.org/2015/05/12/americas-changing-religious-landscape/.
13. Informe del censo británico sobre el estado de la religión en Gran Bretaña. https://faithsurvey.co.uk/uk-christianity.html.
14. Leonard Sweet, *Postmodern Pilgrims* (Nashville, TN: B&H. 2000).
15. Secciones de este libro han sido utilizadas con permiso del editor de Winfield Bevins, *Rediscovering John Wesley* (Cleveland, TN: Pathway Press, 2003).

CAPÍTULO 1

1. L. P. Gerlack and V. H. Hine, *People, Power, Change: Movements of Social Transformation* (New York: Bobbs-Merrill, 1970), 370-77.
2. George Hunter III, *The Recovery of a Contagious Methodist Movement* (Nashville, TN: Abingdon Press, 2011), 31-32.
3. Robert Coleman, *Master Plan of Evangelism* (Grand Rapids, MI: Revell, 1993), 27.
4. Rodney Stark, *The Rise of Christianity: A Sociologist Reconsiders History* (Princeton, NJ: Princeton University Press, 1996), 6-7.
5. Otros libros que recomendaría para ayudarle a comprender la dinámica del movimiento del cristianismo primitivo son: Roland Allen, *Missionary Methods: St Paul's Or Ours?* 4th ed. (London: World Dominion Press, 1912); Roland Allen, *The Spontaneous Expansion of the Church: And the Causes That Hinder it* (London: World Dominion Press, 1927); Paul Barnett, *The Birth of Christianity: The First Twenty Years* (Grand Rapids, MI: Eerdmans, 2005); Paul Barnett. *Paul: Missionary of Jesus* (Grand Rapids, MI: Eerdmans, 2008); Peter Bolt y Mark Thompson, *The Gospel to the Nations: Perspectives on Paul's Mission* (Downers Grove, IL: IVP Academic, 2001); Chris Green, *God's Power to Save: One Gospel for a Complex World?* (Leicester, U.K.: Inter-Varsity Press, 2006); I. Howard Marshall y David Peterson, *Witness to the Gospel: The Theology of Acts* (Grand Rapids, MI: Eerdmans, 1998); Paul E. Pierson, *The Dynamics of Christian Mission: History Through a Missiological Perspective* (Pasadena, CA: William Carey International University Press, 2008); Eckhard J. Schnabel, *Early Christian Mission: Jesus and the Twelve, Vol. I* (Downers Grove, IL: IVP Academic, 2004); Eckhard J. Schnabel, *Early Christian Mission: Paul and the Early Church, Vol. II* (Downers Grove, IL: IVP Academic, 2004); Eckhard J. Schnabel, *Paul the Missionary: Realities, Strategies and Methods* (Downers Grove, IL: IVP Academic, 2008); Ralph Winter, "The Two Structures of God's Redemptive Mission," *Perspectives*

on the World Christian Movement: A Reader (Pasadena, CA: William Carey Library Publishers, 1999); Ralph Winter y Steven Hawthorne, *Perspectives on the World Christian Movement: A Reader* (Milton Keynes, UK: Paternoster Press, 2009); Ralph D. Winter, *The Unfolding Drama of the Christian Movement* (Pasadena, CA: Institute of International Studies, 1979).

6. Rodney Stark, *The Rise of Christianity: A Sociologist Reconsiders History* (Princeton, NJ: Princeton University Press, 1996), 208.
7. Alan Kreider,. *The Patient Ferment of the Early Church. The Improbable Rise of Christianity in the Roman Empire* (Grand Rapids, MI: Baker Academic), 2016.
8. Un recurso importante es: Dale T. Irvin and Scott W. Sunquist, *History of the World Christian Movement: Volumes 1 and 2* (Maryknoll, NY: Orbis Books, 2001).
9. Véase Phillip Jenkins, *The Next Christendom: The Coming of Global Christianity* (New York: Oxford University Press, 2011).
10. Para una reseña rápida sobre el cristianismo global, véase el informe "Status of Global Christianity, 2017, in the Context of 1900-2050" del Center for the Study of Global Christianity (Centro para el estudio del cristinismo global) del Gordon-Conwell Theological Seminary. http://www.gordonconwell.edu/ockenga/research/documents/StatusofGlobalChristianity2017.pdf
11. Pew Research Center, "Global Christianity: A Report on the Size and Distribution of the World's Christian Population." December 19, 2011, http://www.pewforum.org/2011/12/19/global-christianity-exec/
12. John Stott, *Christian Mission in the Modern World* (Downers Grove, IL: InterVarsity Press, 1975).
13. Martin Robinson, *Planting Mission-Shaped Churches Today* (Oxford, UK: Monarch Books, 2006), 144.
14. Timothy C. Tennent, "Homiletical Theology," Opening Convocation Address, Asbury Theological Seminary, September 2016, http://timothytennent.com/2016/09/13/my-2016-opening-convoca-tion-address-homiletical-theology/

15. Alvin L. Reid, *Radically Unchurched: Who They Are & How to Reach Them* (Grand Rapids, MI: Kregel Publications, 2002), 21.
16. George G. Hunter III, *The Recovery of a Contagious Methodist Movement* (Nashville, TN: Abingdon Press, 2011), 28.
17. Howard Snyder, *Signs of the Spirit: How God Reshapes the Church* (Eugene, OR: Wipf & Stock, 1997), 34. Otros libros clave sobre los movimientos de renovación cristiana incluyen: Jonathan Edwards, *A History of the Work of Redemption Containing the Outlines of a Body of Divinity* (Carlisle, PA: Banner of Truth Trust, 2003); Charles G. Finney, *Reflections on Revivals of Religion* (Virginia Beach, VA: CBN University Press, 1978); y reflexiones más recientes por Richard F. Lovelace, *Dynamics of Spiritual Life: An Evangelical Theology of Renewal* (Downers Grove, IL: InterVarsity Press, 1979); William G. McLoughlin, *Revivals, Awakenings, and Reform* (Chicago: University of Chicago Press, 1978).
18. Ibid., 285-293.
19. George Hunter, *The Recovery of a Contagious Methodist Movement* (Nashville, TN: Abingdon Press, 2011). 10.

CAPÍTULO 2

1. Steve Addison, *Movements That Change the World: Five Keys to Spreading the Gospel* (Downers Grove, IL: InterVarsity Press, 2011), 37. En español véase, Steve Addison, *Movimientos que cambian al mundo: cinco claves para extender el evangelio,* (100 Movements Publishing, 2020).
2. Elisha Coffman, "Attack of the Bible Moths" *Christian History Magazine*, Issue 69 (Vol. XX, No. 1), 20.
3. C.E. Vulliamy, *John Wesley*. (New York: Scribner, 1932), 55. También citado en Howard Snyder, *The Radical Wesley*, 21.
4. Para una introducción detallada sobre la fallida misión de los Wesley en Georgia, véase Geordan Hammond, *John Wesley in America: Restoring Primitive Christianity* (Oxford: Oxford Press, 2014). El libro de Hammond contribuye al debate sobre la importancia de la misión de Georgia para desarrollos posteriores

en el metodismo, al proporcionar una imagen clara y detallada de la misión y su contexto.

5. *Works*, 1:23.
6. *Works*, 1:102. Puede verse en español: *Obras,* XI:63 (Justo González [Ed. General], *Obras de Wesley,* Edición auspiciada por Wesley Heritage Foundation. Franklin, Tennessee: Providence House Publishers, 1996). En adelante citado en español como *Obras.*
7. Herbert McGonigle, *John Wesley and the Moravians* (England: The Wesley Fellowship, 1993), 24.
8. Thomas Jackson, *The Works of John Wesley* (Grand Rapids, MI: Baker Books, 1979), 1:103. En español: *Obras,* XI:64-65.
9. Albert Outler, *John Wesley* (New York: Oxford Press, 1964), 52.
10. Roland H. Bainton, *Here I Stand: A Life of Martin Luther* (Peabody, MA: Hendrickson Publishers, 1977), 48.
11. Dietrich Bonhoeffer, *The Cost of Discipleship* (New York: Touchstone, 1995), 89. En español puede verse: Dietrich Bonfoeffer, *El precio de la gracia* (Salamanca, Ediciones Sígueme, 6ª. Edición, 2004), 56.
12. C. S. Lewis, *Mere Christianity* (New York: Collier Books, 1952), 72. En español véase: C. S. Lewis, *Cristianismo … ¡y nada más!* (Miami, FL: Editorial Caribe, 1977), 62.

CAPÍTULO 3

1. Malcolm Gladwell, *The Tipping Point: How Little Things Can Make a Big Difference* (Boston: Little, Brown, 2000), 7. En español, véase: Malcolm Gladwell, *El punto clave* (México: Editorial Taurus, 2007), 10-11.
2. Ibid., 26 (27, en el libro en español).
3. *Works*, 5:3. En español: *Obras,* I:19.
4. John Gillies, ed. *Memoirs of the Reverend George Whitefield* (New Haven, CT: Whitmore and Buckingham and H. Mansfield, 1834), 28.
5. Juan Wesley, *The Works of John Wesley,* Vol. 19, Journal and Diaries II (1738-43), W. Reginal Ward and Richard P.

Heitzenrater, eds. (Nashville, TN: Abingdon Press, 1990), 19:21. Puede verse en español: *Obras,* XI:103.

6. *Works*, 1:185. En español puede verse: *Obras,* XI:103.
7. Juan Wesley, *The Works of John Wesley*, Vol. 26, The Letters II, Frank Baker, ed., (Nashville: Abingdon Press, 1987), 26:692.
8. *Works*, VIII: 317.
9. Para saber más sobre las instrucciones de Wesley a los primeros predicadores metodistas véase Richard P. Heitzenrater, *Wesley and the People Called Methodists*, 2nd ed. (Nashville, TN: Abingdon Press, 2013), 161. En español: Richard P. Heitzenrater, *Wesley y el pueblo llamado metodista* (Nashville, TN: Abingdon Press, 2001).
10. Howard Snyder, *El Wesley radical* (Seedbed, 2016), 74-75.
11. Luke Tyerman, *Life and Times of the Rev. John Wesley* (New York: Harper and Brothers Publishers, 1872), 1:160-161
12. Gerald R. Cragg, *The Works of John Wesley,* Bicentennial ed. Vol. 11: *The Appeals to Men of Reason and Religion and Certain Open Letters* (Nashville, TN: Abingdon Press, 1975), 11:5.
13. Citado en Douglas Bebb, *Wesley: A Man with a Concern* (London: Epworth, 1950),139.
14. Cragg, *The Works of John Wesley*, 29.
15. *Works*, 1:363.
16. Nehemiah Curnock, *The Journals of the Rev. John Wesley* (London: Epworth, 1938), 8:110.
17. Citado en John Telford, *The Life of John Wesley* (London: Hodder & Stoughton, 1886), accesado mediante Wesley Center for Applied Theology at Northwest Nazarene University, http://wesley.nnu.edu/john-wesley/the-life-of-john-wesley-by-john-telford/the-life-of-john-wesley-by-john-telford-chapter-14.
18. J. E. Hutton, *A History of the Moravian Church* (Fetter Lane, London: Moravian Publication Office, 1909), 207.
19. John Greenfield, *When the Spirit Came: The Story of the Moravian Revival of 1727* (Minneapolis, MN: Bethany Fellowship, 1967), 20.

20. Robert Coleman, *The Master Plan of Evangelism* (Grand Rapids, MI: Revell, 1972), 101. En español véase: Robert Coleman, *Plan supremo de evangelización* (El Paso, TX: Casa Bautista de Publicaciones, 13ª edición, 1993), 90.
21. D. Micheal Henderson, *John Wesley's Class Meeting: A Model for Making Disciples* (Nappanee, IN: Evangel Publishing House, 1997), 30.
22. En realidad, Wesley tenía un ecosistema de discipulado para grupos pequeños que incluía sociedades, reuniones de clase y bandas. Los veremos en un capítulo posterior.
23. Juan Wesley, "Plain Account of the People Called Methodists," *The Works of John Wesley* Vol. 9, The Methodist Societies: History, Nature, and Design, Rupert Davies, ed. (Nashville, TN: Abingdon Press, 1989), 9:277. En español véase: *Obras,* V:246.
24. Albert Outler, *John Wesley,* (Oxford: Oxford University Press, 1964), 86. En español véase: *Obras,* XIV:300-301.
25. Ibid., 179. En español véase: *Obras:* V:54.
26. Bready J. Wesley, *England: Before and After Wesley* (London: Hodder and Stoughton, n.d.) 238.
27. Juan Wesley, *Poetical Works,* I:IX-XXII; citado en D. Michael Henderson, *John Wesley's Class Meeting: A Model for Making Disciples* (Nappanee, IN: Evangel Publishing House, 1997), 86. En español véase: *Obras,* IX:239.
28. Véase John Finney, *Finding Faith Today: How Does it Happen?* (Swindon, UK: British and Foreign Bible Society, 1992), 46-47.
29. Ibid., 46.
30. Ibid., 47.

CAPÍTULO 4

1. Para una consideración más profunda a la obra del Espíritu Santo en el metodismo primitivo, véanse dos artículos académicos que he escrito sobre el importante papel del Espíritu Santo en la teología de Juan Wesley: "Historical Development of Wesley's Doctrine of the Holy Spirit" (Desarrollo histórico de la doctrina

del Espíritu Santo de Wesley), *Wesleyan Theological Journal*, Fall 2006 y "Pneumatology in John Wesley's Theological Method" (Pneumatología en el método teológico de Juan Wesley), *The Asbury Theological Journal*, Vol. 58, núm. 2, Fall 2003.

2. Para un panorama detallado de este tema, véase Henry D. Rack, *Reasonable Enthusiast: John Wesley and the Rise of Methodism*, 3rd ed. (London: Epworth Press; 2014).
3. Paul Chilcote, *Recapturing the Wesleys' Vision.* (Downers Grove, IL: IVP Books, 2004), 55.
4. *Works*, 5:124, "The Witness of the Spirit." En español véase: *Obras*, I:210, "El testimonio del Espíritu, II".
5. *Works*, 5:124, "The Witness of the Spirit." En español véase: *Obras*, I:211, "El testimonio del Espíritu, II".
6. *Works*, "A Letter to a Roman Catholic." En español véase: *Obras*, VIII:172.
7. *Works*, 10:79, "Letter to Rev. Dr. Middleton."
8. Howard Snyder, *The Radical Wesley* (Franklin, TN: Seedbed Publishing, 2014), 157. En español véase: Howard Snyder, *El Wesley radical* (Franklin, TN: Seedbed Publishing, 2016).
9. A. W. Tozer, *The Pursuit of God* (Camp Hill, PA: Christian Publications, 1993), 9. En español véase: A. W. Tozer, *La búsqueda de Dios* (Chicago, IL: Moody Publishers, 1977), 9.
10. *Works*, 8:340, "The Character of a Methodist." En español véase: *Obras*, 5:17, "El carácter de un metodista".
11. *Works*, 5:3, "Preface." En español véase: *Obras*, I:20, "Prefacio".
12. *Works*, 14:220, "Abridgments of Various Works."
13. Juan Wesley, *Explanatory Notes Upon the New Testament*, (Salem, OH: Schmul Publishing Co., 2000), 554. En español véase: *Obras*, X:320.
14. Telford, John, ed. *The Letters of the Rev. John Wesley*, 8 vols. (London: Epworth Press, 1931), 5:257. En español véase: *Obras*, XIV:87.
15. *Works*, 5:38, "Scriptural Christianity." En español véase: *Obras*, I:74, "El cristianismo bíblico".

16. Wesley adjuntó la siguiente nota al sermón: "No fue mi intención, al escribirla, que la última parte del siguiente sermón fuese publicada. Sin embargo, las falsas y vulgares descripciones de lo ocurrido que se han publicado en casi todos los rincones de la nación me obligan a publicarlo en su totalidad, tal como fue predicado, para que las personas sensatas juzguen por sí mismas", *Obras*: I:73.
17. John Telford, *The Life of John Wesley* (London: The Epworth Press, 1947), 394.
18. Steve Seamonds, "Pursuing Pentecost," *Good News Magazine*, Nov. 28, 2017, https://goodnewsmag.org/2017/11/pursuing-pentecost/
19. Randy Maddox, *Responsible Grace: John Wesley's Practical Theology* (Nashville, TN: Kingswood Books, 1994), 135.
20. Ted A. Campbell, *John Wesley and Christian Antiquity: Religious Vision and Cultural Change* (Nashville, TN: Kingswood Books, 1991), 83.
21. Véase Wayne Grudem and Stanley N. Gundry, eds., *Are Miracles for Today?* (Grand Rapids, MI: Zondervan, 1996) para una discusión de mayor profundidad sobre los diferentes puntos de vista en cuanto a los dones espirituales.
22. Para una introducción detallada al movimiento pentecostal, véase: Vinson Synan, *The Century of the Holy Spirit: 100 Years of Pentecostal and Charismatic Renewal* (Nashville, TN: Thomas Nelson Publishers, 2001), 1-12. En español véase: Vinson Synan, *El siglo del Espíritu Santo: Cien años de renuevo pentecostal y carismático* (Buenos Aires: Argentina, Editorial Peniel, 2006), 11-24.
23. David Martyn Lloyd-Jones, *The Sovereign Spirit* (Wheaton, IL: Harold Shaw Publishers, 1985), 48.

CAPÍTULO 5

1. Leonard Sweet, *Aqua Church* (Loveland, CO: Group, 1999.), 8.
2. Howard Snyder, *The Radical Wesley*, (Franklin, TN: Seedbed Publishing, 2014), 54. En español véase, Howard Snyder, *El Wesley radical*, (Franklin, TN: Seedbed Publishing, 2016).

3. D. Michael Henderson, *John Wesley's Class Meeting* (Nappanee, IN: Evangel Publishing House, 1997), 69. En español, véase: Malcolm Gladwell, *El punto clave* (México: Editorial Taurus, 2007), 130.
4. Malcolm Gladwell, *The Tipping Point. How Little Things Can Make a Big Difference* (New York: Little, Brown, 2000), 173.
5. *Works,* 3:144. En español véase: *Obras:* XII:159-160.
6. *Works,* 1:416.
7. Henderson, *John Wesley's Class Meeting: A Model for Making Disciples,* 112.
8. No podré ofrecer un recuento a profundidad del desarrollo histórico de la estructura metodista primitiva debido a la falta de espacio en este corto libro, pero me gustaría recomendar muchos libros importantes que podrían encontrar útiles incluyendo: Richard P. Heitzenrater, *Wesley and the People Called Methodists,* 2nd ed. (Nashville, TN: Abingdon, 2013); Kenneth J. Collins, *John Wesley: A Theological Journey,* (Nashville, TN: Abingdon, 2003); y Russell E. Richey, Kenneth E. Rowe, y Jean Miller Schmidt, *American Methodism: A Compact History* (Nashville, TN: Abingdon, 2012).
9. Albert C. Outler, *John Wesley* (Oxford: Oxford University Press, 1980), 178. En español véase: *Obras,* 5:51-52.
10. *Works*, 9:256-57. En español véase: *Obras,* V:220.
11. Skevington Wood, *The Burning Heart, John Wesley: Evangelist.* (Minneapolis, MN: Bethany House, 1978), 191-192.
12. *Works*, VIII, 269-270. En español véase: *Obras,* V:52.
13. George Hunter III, *To Spread the Power: Church Growth in the Wesleyan Spirit* (Nashville, TN: Abingdon Press, 1987), 56.
14. Henderson, *John Wesley's Class Meeting: A Model for Making Disciples*, 110.
15. Luke Tyerman, *Life and Times of the Rev. John Wesley* (New York: Harper and Brothers Publishers, 1872), 1:69-70.
16. Watson and Kisker, *The Band Meeting: Rediscovering Relational Discipleship in Transformational Community*, 77.

17. Albert C. Outler, *John Wesley* (Oxford: Oxford University Press, 1980), 181. En español véase: *Obras,* V:57.
18. *Works,* 11:433. En español véase: *Obras,* VIII:147-148.
19. Kevin Watson and Scott T. Kisker, *The Band Meeting: Rediscovering Relational Discipleship in Transformational Community* (Franklin, TN: Seedbed Publishing, 2017), 15.
20. Entre los muchos libros que recomendaría sobre la misión celta, se incluyen: George Hunter III, *The Celtic Way of Evangelism* (Nashville, TN: Abingdon, 2000); Thomas Cahill, *How the Irish Saved Civilization* (New York: Doubleday, 1995); Liam de Paor, *Saint Patrick's World: The Christian Culture of Ireland's Apostolic Age* (Dublin: Four Courts, 1993); Louis Gougaud, *Christianity in Celtic Lands: a History of the Churches of the Celtics* (London: Sheed and Ward, 1932); John Finney, *Recovering the Past: Celtic and Roman Mission* (London: Darton, Longman & Todd, 1996).
21. *Works,* 8:343. En español véase: *Obras,* V:21.
22. Juan Wesley, *How to Pray: The Best of John Wesley on Prayer* (Uhrichsville, OH: Barbour Publishing, 2007), 52.
23. *Works,* 5:187. Véase también Henry H. Knight III, *The Presence of God in the Christian Life: John Wesley and the Means of Grace* (Metuchen, N.J.: Scarecrow Press, 1971). En español véase: *Obras,* I:319.
24. *Works,* 5:187. . Véase en español: *Obras,* I:319.
25. George Hunter III, *The Recovery of a Contagious Methodist Movement* (Nashville, TN: Abingdon Press, 2011), 15.
26. Robby Gallaty, *Rediscovering Discipleship: Making Jesus' Final Words Our First Work* (Grand Rapids, MI: Zondervan, 2017), 113.
27. John R. W. Stott, *"Make Disciples, Not Just Converts: Evangelism without Discipleship Dispenses Cheap Grace,"* *Christianity Today,* Vol. 43 No. 12 (October 25, 1999), 28.
28. Alan Hirsch, *The Forgotten Ways: Reactivating the Missional Church* (Grand Rapids, MI: Brazos Press, 2006), 45. En español véase: Alan Hirsch, *Caminos olvidados: Reactivemos la iglesia misional* (Missional Press, 2009), 39.

29. Esta conclusión se basa en dos años de investigación que Barna condujo en relación con el estado actual del discipulado, y la manera en que las iglesias podrían mejorar la efectividad de sus ministerios de discipulado. Véase: George Barna, *Growing True Disciples: New Strategies for Producing Genuine Followers of Christ* (Colorado Springs, CO: WaterBrook Press, 2001).

CAPÍTULO 6

1. Donald Thorson, *The Wesleyan Quadrilateral: Scripture, Tradition, Reason, and Experience as a Model of Evangelical Theology* (Grand Rapids, MI: Zondervan, 1990), 152.
2. *Works*, 7:423. Puede verse en español: *Obras,* VI:25.
3. *Works*, 7:423. Véase en español: *Obras:* VI:25.
4. *Works*, 5:38. Véase en español: *Obras:* I:75.
5. George Hunter III, citado en James C. Logan, ed. *Theology and Evangelism in the Wesleyan Heritage* (Nashville, TN: Kingswood Books, 1994), 159.
6. Alan Hirsch, *5Q: Reactivating the Original Intelligence and Capacity of the Body of Christ* (100 Movements, 2017), Xxxiii. En español véase: Alan Hirsch, *C5: Reactivando la inteligencia original y la capacidad del cuerpo de Cristo* (100 Movements Publishing, 2020).
7. *Works,* 8:299.
8. *Works*, 5:3. En español puede verse: *Obras,* I:19.
9. Maxwell Staniforth, ed. *Early Christian Writings: The Apostolic Fathers* (Middlesex, England: Penguin Classics, 1968), 85-92.
10. *Works*, 4:77.
11. Juan Wesley, Letter to Joseph Benson, Jan. 11, 1777, The Letters of John Wesley, Wesley Center Online, http://wesley.nnu.edu/john-wesley/the-letters-of-john-wesley/wesleys-letters-1777. En español puede verse: *Obras,* XIV:144, donde esta cita aparece en una carta dirigida a Alexander Mather, con fecha Bristol, 6 agosto, 1777.
12. David Garrison, *Church Planting Movements: How God Is Redeeming a Lost World* (Monument, CO: WIG Take Resources,

2004), 189. En español véase: *Movimientos de plantación de Iglesias: cómo Dios está redimiendo al mundo perdido* (El Paso, TX: Editorial Mundo Hispano, 2005).

13. John Wigger, *American Saint: Francis Asbury and the Methodists.* (Oxford: Oxford University Press, 2012), 3.
14. Telford, John, ed. *The Letters of the Rev. John Wesley,* Vol. 5 (London: Epworth Press, 1931), 257. En español véase *Obras,* XIV:87.
15. *Works,* 7:126.
16. Hay muchos libros excelentes escritos sobre el papel de las mujeres en el ministerio. Sin embargo, me gustaría recomendar *Relationshift: Changing the Conversation about Men and Women in the Church* de Sue Russel y Jackie Roese. Las autoras dan una nueva mirada al debate de género en la iglesia. En lugar de los roles, las autoras examinan el énfasis bíblico en las relaciones, específicamente las relaciones de tipo hermano-hermana basadas en el amor, la humildad y la reciprocidad. En lugar de definir roles estructurados para hombres y mujeres, como argumentan las posiciones complementarias o igualitarias, este enfoque "relacionista" puede experimentarse en las estructuras existentes de cualquier cultura. Enfocarse en las relaciones puede permitir a la Iglesia superar las divisiones del debate sobre el género. Véase también Clouse, Bonnidell y Robert G., eds., *Women in Ministry: Four Views* (Downers Grove: IVP Books, 1989); and Beck, James R. and Blomberg, Craig L., eds., *Two Views on Women in Ministry* (Grand Rapids, MI: Zondervan, 2001).
17. Richard P. Heitzenrater, *Wesley and the People Called Methodists,* 2nd ed. (Nashville, TN: Abingdon Press, 2013), 160. En español véase: *Obras,* V:238-239.
18. George Hunter III, *To Spread the Power: Church Growth in the Wesleyan Spirit* (Nashville: Abingdon Press, 1987), 62.
19. Steve Addison, *Movements That Change the World: Five Keys to Spreading the Gospel* (Downers Grove, IL: InterVarsity Press,

2011), 59. En español véase, Steve Addison, *Movimientos que cambian al mundo: cinco claves para extender el evangelio,* (100 Movements Publishing, 2020).

20. Geoff Surratt, Greg Ligon, and Warren Bird, *The Multi-site Church Revolution* (Grand Rapids, MI: Zondervan, 2006), 161.
21. D. Michael Henderson, *John Wesley's Class Meeting: A Model for Making Disciples* (Nappanee, IN: Evangel Publishing House, 1997), 149.
22. Robert Coleman, *Nothing to Do but to Save Souls: John Wesley's Charge to His Preachers.* (Wilmore, KY: Wesley heritage Press, 1990), 21.

CAPÍTULO 7

1. *Works*, 5:39.
2. Richard Allen, *The Life Experience and Gospel Labors of the Rt. Rev. Richard Allen* (New York: Abingdon Press, reprint ed., 1960), 29-30.
3. Hay varios libros y artículos que discuten la conexión teológica entre el movimiento de santidad y el pentecostalismo. Algunos de ellos son: Donald Dayton, *Theological Roots of Pentecostalism* (New Jersey: Hendrickson Publishers, 1897); D. William Faupel, *The Everlasting Gospel: The Significance of Eschatology in the Development of Pentecostal Thought* (Sheffield, England: Sheffield Academic Press, 1996); Steve J. Land, *Pentecostal Spirituality: A Passion for the Kingdom* (Sheffield, England: Sheffield Academic Press, 1997); y Vinson Synan, *The Holiness-Pentecostal Tradition: Charismatic Movements in the Twentieth Century* (Grand Rapids, MI: Eerdmans , 1997).
4. *Works*, VIII: 299.
5. Telford, John, ed. *The Letters of the Rev. John Wesley,* Vol. 5 (London: Epworth Press, 1931), 257.
6. *Works*, 6:282-283. En español véase: *Obras,* IV:10.
7. *Works*, 6:309. En español véase: *Obras,* IV:51.
8. *Works*, 6:308. En español véase: *Obras,* IV:51.

9. *Works*, 6:311. En español véase: *Obras*, IV:56.
10. *Works*, 9:22. En español véase: *Obras*, VI:311.
11. David Hempton, *Methodism: Empire of the Spirit* (New Haven and London: Yale University Press, 2005), 2.
12. George Hunter III, *To Spread the Power: Church Growth in the Wesleyan Spirit* (Nashville: Abingdon Press, 1987), 56.
13. *Works*, 8:380-381.
14. *Works*, 10:138.
15. Howard Snyder, *The Radical Wesley*, (Franklin, TN: Seedbed Publishing, 2014), 64. En español véase: Howard Snyder, *El Wesley radical* (Franklin, TN: Seedbed Publishing, 2016).
16. La información en esta sección es tomada de David Garrison, *Los movimientos de plantación de iglesias: cómo Dios está redimiendo al mundo perdido* (Monument, CO: WIGTake Resources, LLC, 2004). (El Paso, TX: Editorial Mundo Hispano, 2005). Véase también: David Watson, *Contagious Disciple Making: Leading Others on a Journey of Discovery* (Nashville, TN: Thomas Nelson, 2014); y Craig Ott y Gene Wilson, *Global Church Planting: Biblical Principles for Best practices for Multiplication* (Grand Rapids, MI: Baker Academic, 2011).
17. Para mi estudio del metodismo estadounidense, me he basado en varios recursos clave, entre ellos: Roger Finke and Rodney Stark, *The Churching of America 1776-2005: Winners and Losers in Our Religious Economy*; Frank Baker, *From Wesley to Asbury: Studies in Early America Methodism* (Durham, NC: Duke University Press, 1976); John Wigger, *American Saint: Francis Asbury and the Methodists* (Oxford: Oxford University Press, 2009); y *Taking Heaven by Storm: Methodism and the Rise of Popular Christianity in America* (Urbana, IL: University of Illinois Press, 1998).
18. Roger Finke and Rodney Stark, *The Churching of America 1776-2005* (New Brunswick, NJ: Rutgers University Press, 2014), 68.
19. Citado en Hallford E. Luccock and Paul Hutchinson, *The Story of Methodism* (Nashville, TN: Abingdon Press, 1926), 230.

20. Francis Asbury, *The Journal and Letters of Francis Asbury*, Vol. 3, Elmer T. Clark, ed. (Nashville, TN: Abingdon Press, 1958), 2:787.
21. John Wigger, *American Saint: Francis Asbury and the Methodists* (Oxford: Oxford University Press, 2009), 10.

CAPÍTULO 8

1. Dos buenos libros sobre el debate son: Jerry L. Walls and Joseph R. Dongell, *Why I Am Not a Calvinist* (Downers Grove, IL: IVP Books, 2004); y Robert A. Peterson and Michael D. Williams, *Why I Am Not an Arminian* (Downers Grove, IL: IVP Books, 2004).
2. *Works*, 8:340. En español véase: *Obras*, V:17.
3. *Works*, 8:347. En español véase: *Obras*, 5:28.
4. Roger E. Olson, "Don't Hate me because I'm Armenian," *Christianity Today*, Sept. 6, 1999.
5. C. S. Lewis, citado en W. Vaus, *Mere Theology, A Guide to the Thought of C. S. Lewis* (Downers Grove, IL: InterVarsity Press, 2004), 167.
6. "Secularización" se usó primeramente para referirse al proceso de transferir propiedad de una jurisdicción eclesiástica a una del estado u otra autoridad no eclesiástica. En el sentido institucional, "secularización" significa la reducción de la autoridad religiosa formal (e.g. en educación). Véase D. W. Gill, "Secularism," *Evangelical Dictionary of Theology*, Walter A. Elwell ed., (Grand Rapids, MI: Baker Academic, 1984), 996.
7. W. C. Ringenberg, "Protestant Higher Education" *Dictionary of Christianity in America,* Daniel G. Ried, ed. (Downers Grove, IL: InterVarsity Press, 1990), 530.
8. Ibid., 530.
9. James Tunstead Burtchaell, *The Dying of the Light: The Disengagement of Colleges and Universities From Their Christian Churche.* (Grand Rapids, MI: Eerdmans, 1998). Véase también las obras de Max Weber, *The Protestant Ethic and the Spirit of*

Capitalism (New York: Scribner, 1958); *The Sociology of Religion* (Boston: Beacon Press, 1963).

10. John Wesley, *The Works of John Wesley* volumes (Grand Rapids, MI: Baker Books, 1991), 13:258. En español véase: *Obras,* V:379.
11. Mark Liederbach and Alvin Reid, *The Convergent Church: Missional Worship in an Emerging Culture.* (Grand Rapids, MI: Kregel, 2009), 145.
12. Roger Finke and Rodney Stark, *The Churching of America, 1776-2005: Winners and Losers in Our Religious Economy* (Piscataway, NJ: Rutgers University Press, 2005), 160.
13. Ibid., 165.
14. William Warren Sweet, *Revivalism in America* (New York: Scribner, 1944), 163-164.
15. Ibid., 175.
16. Peter Cartwright, *Autobiography of Peter Cartwright, The Backwards Preacher,* W.P. Strickland, ed. (New York: Carlton and Porter, 1856), 523.
17. Richard Chartres, "New Fire in London," Lambeth Lecture, September 30, 2015, http://www.archbishopofcanterbury.org/articles.php/5621/bishop-of-london-delivers-lambeth-lecture-on-church-growth-in-the-capital.
18. Esto es tomado de una entrevista en línea que Ric Thorpe dio al Seminario Asbury. Véase la entrevista completa en Asbury Voices, https://asburyseminary.edu/voices/26615.

CONCLUSIÓN

1. *Works,* 8:346. En español véase: *Obras,* V:27.
2. Francis A. Schaeffer, *Escape from Reason: A Penetrating Analysis of Trends in Modern Thought* (Downers Grove, IL: InterVarsity Press, 1968), 11-12. En español véase: Francis A. Schaeffer, *Huyendo de la razón: un análisis penetrante a las tendencias del pensamiento moderno* (Barcelona, España: Editorial Clie, 2007), 3.

www.ingramcontent.com/pod-product-compliance
Lightning Source LLC
Chambersburg PA
CBHW031500120626
46545CB00005B/1685
* 9 7 8 1 9 5 5 7 6 1 4 3 7 *